Daniela Daufeldt Karriere weiblich

Daniela Daufeldt

Karriere weiblich

Wie Frauen ihre Ziele erreichen, ohne sich zu verbiegen

orell füssli Verlag AG

Umschlagabbildung: © plainpicture/hasengold
Umschlaggestaltung: Andreas Zollinger, Zürich
Druck: fgb • freiburger graphische betriebe, Freiburg

ISBN 978-3-280-05392-8

Bibliografische Information der Deutschen Nationalbibliothek: Die Deutsche Nationalbibliothek verzeichnet diese Publikation in der Deutschen Nationalbibliografie; detaillierte bibliografische Daten sind im Internet abrufbar über http://dnb.d-nb.de.

FSC
Mix
Produktgruppe aus vorbildlich bewirtschafteten Wäldern und anderen kontrollierten Herkünften
www.fsc.org Zert.-Nr. SGS-COC-003993
©1996 Forest Stewardship Council

Für Hella

Inhaltsverzeichnis

Einleitung

Die ganze Welt ist Bühne,
Und alle Frau'n und Männer bloße Spieler,
Sie treten auf und gehen wieder ab,
Sein Leben lang spielt einer manche Rolle.

Shakespeare, «Wie es euch gefällt»

Haben Sie schon einmal darüber nachgedacht, welche Stärken eine Frau dringend braucht, um ihre Rolle im Beruf erfolgreich, selbstbewusst und glücklich ausfüllen zu können? Simone Bagel-Trah besitzt diese Stärken, vielleicht schon genetisch ererbt. Sie ist die Urenkelin von Emmy Lüps, die eine der ersten Managerinnen in Deutschland war. Emmy Lüps, geborene Henkel, übernahm bis 1922 als erste Frau Managementaufgaben im Düsseldorfer Persil-Konzern. Danach musste das Management allerdings bis ins Jahr 2009 ohne weibliche Stärken auskommen. Seit September 2009 hat Simone Bagel-Trah das Sagen. Sie ist die Vorsitzende des Gesellschafterausschusses und Aufsichtsratsvorsitzende. Und zwar als einzige Frau in den Führungsetagen, allein unter Männern, bis in die dritte Hierarchieebene des Konzerns.

Der Grund, aus dem Simone Bagel-Trah nach 87 Jahren männlich beherrschtem Management die Hauptrolle bekam und sich gegen mehrere Konkurrenten durchgesetzt hat, ist folgender: Ihre Authentizität hat überzeugt – ein Mix aus weiblicher Durchsetzungsfähigkeit, selbstbewusstem Auftreten und Integrationsfähigkeit, gepaart mit einer großen, unstillbar wirkenden Neugier. Sie ist Forscherin. Und promovierte Mikrobiologin. Simone Bagel-Trah ist tough, und was das Wichtigste ist: Sie weiß sehr genau, was sie will!

Genau diese Eigenschaften sind es, die Frauen ans Ziel bringen!

Simone Bagel-Trah ist die Ururenkelin des Firmengründers. Und obwohl es in der Verwandtschaft auch diverse männliche Bewerber gab, setzte sie sich aufgrund ihrer Stärken durch. Weibliche Stärken, derer Frauen sich noch viel bewusster werden müssen, um endlich zahlreicher in Führungspositionen aufzusteigen.

Das Besondere und zugleich Exemplarische an Simone Bagel-Trah ist, dass sie ihre berufliche Rolle mit forschender Neugier, großer Selbstsicherheit und Intuition annimmt. Auf einer Bühne, die sie sich zwar nicht zu hundert Prozent erkämpfen musste, aber die sie durch ihre weiblichen Stärken zu hundert Prozent ausfüllt.

Dieses Buch möchte Sie neugierig machen, neugierig auf eigene berufliche und persönliche Ziele. Ziele, die zu Ihnen passen.

Es geht darum, wie Sie diese Ziele selbstbewusst erreichen können, ohne sich dabei zu verbiegen.

Im ersten Teil des Buches erfahren Sie, weshalb eine forschende und neugierige Haltung für die Zielerreichung wichtig ist und warum das Wollen so wichtig ist. In diesem Teil werden viele Fragen gestellt. Aber erwarten Sie keine Antworten. Die Antworten geben Sie selbst. Möglicherweise ahnen Sie schon, dass in Ihnen unentdeckte Potenziale schlummern und Sie Ihre eigene Bühne noch nicht so ausfüllen, wie Sie es eigentlich könnten?

Sie lernen das «Netz» und das «Thekla-Prinzip» kennen, zwei sehr hilfreiche und leicht anwendbare Tools, um weibliche Ziele auf Treffsicherheit und emotionale Kriterien hin zu prüfen. Die Grundsätze der Thekla-Strategie begleiten Sie durch das ganze Buch. Sie basieren auf einem fundierten Strategie- und Coaching-Know-how und sind in Zusammenarbeit mit weiblichen Führungskräften verschiedener Branchen in den letzten Jahren entwickelt und vielfach erfolgreich eingesetzt worden.

Im zweiten Teil des Buches werden Sie sich auf die eigenen Ziele und beruflichen Herausforderungen konzentrieren. Es dreht sich hier um *das Dranbleiben* an Ihren Zielen. Manchmal fällt es aus tausend guten Gründen schwer, die Konzentration auf die eigentlichen Ziele zu fokussieren. Wenn Sie Ihre Ziele aus den Augen verlieren, können Wünsche, Träume und gute Ideen über Bord gehen, die Ihnen eigentlich am Herzen liegen.

Auch in diesem Teil finden Sie viele hilfreiche Experimente, Anregungen und Fragen, die Sie dabei unterstützen, sich pragmatisch auf die eigenen beruflichen und persönlichen Ziele auszurichten. Sie werden eine Methode – die Zielbildmethode – kennenlernen, die Ihre Ziele auf intuitive Weise nachhaltig präsent hält. So können Sie Ihre Ziele vor den alltäglichen Störfaktoren wie Stress, Zeitmangel und Ähnlichem mehr schützen.

Im dritten Teil des Buches geht es um *das Bekommen*. Dazu folgende prägnante Szene: Stellen Sie sich ein Kind vor, das gerade krabbeln kann und einen roten Ball auf dem Boden entdeckt. Das Kind will nur eins: den Ball bekommen. Kinder haben in der Regel einen starken Willen und große Neugier. Das Kind wird alles tun, um den Ball zu fassen. Es wird sich nicht davon abbringen lassen, auch wenn riesige Stolpersteine in Form von Schuhen, Wolldecken und Taschen im Weg liegen. Es wird weiterrobben, den Kampf mit den Schuhen, den Wolldecken und den Taschen aufnehmen und dranbleiben. Es wird durchhalten, bis der rote Ball erreicht ist, um ihn mit allen Sinnen zu erforschen.

In Bezug auf Ihre Ziele gilt es, dieses Bekommen-Wollen dauerhaft in sich wachzuhalten. Der Plan dahinter ist: neugierig und mit Mut zur Lücke Herausforderungen annehmen und mit Gelassenheit und emotionaler Zielorientierung eigene Ziele erreichen.

Überforderung, Stress, Zeitmangel, Arbeitsüberlastung und Unstimmigkeiten in der Familie oder im Freundeskreis verhindern manchmal das Dranbleiben und das Bekommen. Die Bewertung

«Das ist normal» bestimmt dann zunehmend Ihr Denken. Diese Bewertung wird in diesem Buch mehrfach kritisch beleuchtet. Und zwar aus folgendem Grund: Ist es eigentlich normal, dass Frauen weniger verdienen als Männer? Und ist es normal, dass das Management deutscher Unternehmen, außer bei Henkel und ganz wenigen anderen Unternehmen, von Männern bestimmt wird? Ist es normal, dass Beziehungen sich im Laufe der Zeit in Richtung Langeweile entwickeln? Ist es normal, dass der Job stressig ist? Dieses häufig einfach so dahergesagte «normal» scheint besonders Frauen in den verschiedensten Lebenssituationen zu blockieren, Wünsche im Keim zu ersticken und das Erreichen von Zielen zu verhindern.

Mit Hilfe dieses Buches können Sie auf alltagstaugliche Weise Ihre unterschiedlichen Rollen und Lebensumstände reflektieren, um so die eine oder andere blockierende Bewertung aufzuspüren.

Alle Coachingbeispiele in diesem Buch beruhen auf meinen Erfahrungen als Coach für Führungskräfte. Die Namen sind frei erfunden. Anhand der Beispielsituation werden geeignete Strategien und Tools veranschaulicht. Sie können dadurch eigene Schlüsselthemen erkennen und Lösungen entwickeln.

Mit den richtigen Übungen, und vor allem mit den richtigen Fragen, können Sie Ihre Zielsicherheit steigern und beruflich und persönlich so erfolgreich werden, wie Sie es wollen, ohne sich dabei verbiegen zu müssen. Nehmen Sie den Platz auf der Bühne ein, der Ihnen zusagt und mit Sicherheit zusteht.

Viel Erfolg und ganz viel Neugier wünsche ich Ihnen!

Daniela Daufeldt
Hamburg, im Mai 2010

Teil I: Das Wollen

1 Neugierig?

Der Tag, nach dem im Leben von Rainmund Gregorius nichts mehr sein sollte wie zuvor, begann wie zahllose andere Tage.

Pascal Mercier, «Nachtzug nach Lissabon»

Vielleicht kennen Sie das: Sie nehmen ein Buch in die Hand, lesen den ersten Satz, und Ihre Neugier ist geweckt. Sie wollen dann nur eins – weiterlesen! Sie brennen buchstäblich darauf, zu erfahren, wie es weitergeht. Sie sind gespannt und aktiviert zugleich. Ja, die Neugier ist ein starkes und treibendes Handlungsmotiv.

Mit dem Thema Neugier das erste Kapitel dieses Buches über weibliche Wege zur Zielerreichung zu beginnen ist intuitiv und logisch zugleich. Die Neugier ist der wichtigste Impuls, der unseren Willen und zugleich unsere Zielsetzung stark beeinflusst. Immer, wenn Sie etwas wirklich wollen, haben Sie auch ein Ziel im Sinn. Neugierig und voller Tatendrang ein Ziel zu verfolgen ist die wichtigste Voraussetzung überhaupt, um es schließlich zu erreichen.

Sind Sie neugierig? Kennen Sie Ihre eigenen Ziele? Wissen Sie, welche Chancen auf Sie warten? Möglicherweise denken Sie, dass diese Fragen etwas unspezifisch sind. Und da haben Sie natürlich Recht. Zweck dieser Fragen ist es, Sie auf Ihre persönlichen und beruflichen Ziele zunächst einmal aufmerksam – neugierig! – zu machen. Denn was könnte Ihrem Alltag und Berufsleben mehr Struktur und Bedeutung geben als die eigenen Ziele? Der chinesische Philosoph Laotse brachte es bereits vor 2300 Jahren auf den Punkt: «Wer seine Ziele kennt, findet den Weg.»

Genau darum soll es gehen: Um persönliche und berufliche Ziele und deren Bedeutung. Und darum, wie Sie Ihre Ziele selbstsicher und erfolgreich erreichen. Ein guter Ausgangspunkt sind Neugier und der emotionale Rückenwind durch einen starken Willen. Neben der Neugier sind Intuition und Authentizität Schlüsselfaktoren für die idealtypische weibliche Art, mit der Sie privat und beruflich durchstarten können.

Wie genau sieht der Weg aus, auf dem Frauen in einer von Männern dominierten Berufswelt erfolgreich werden?

Das Übernehmen von männlich dominantem Führungsverhalten stellt für manche Frauen, besonders in Toppositionen, eine große Versuchung dar. Das ist es aber überhaupt nicht, was ich meine. Ebenso wenig das weibliche Spiel, in dem Frauen sich niedlich, verführerisch, naiv geben. Zwar können sowohl das Kopieren der männlichen Art als auch die gezielte Zurschaustellung von Weiblichkeit oft hilfreich sein, um im männlich geprägten Karrieredschungel eigene Ziele durchzusetzen. Das Gefährliche an diesen Strategien ist jedoch, dass hier Rollen gespielt werden – womöglich geradezu perfekt! – und die Authentizität dabei auf der Strecke bleibt. Dauerhafter Erfolg kann auf diese Weise sehr anstrengend werden. Erstrebenswert ist es daher, ohne den Zwang einer auferlegten Konformität und möglichst unverbogen ans Ziel zu gelangen. Selbstbewusst und authentisch. Wie kann das gehen?

Neugieriger werden und Netze spinnen

Fangen Sie mit dem ersten kleinen Schritt an und beschäftigen Sie sich zunächst neugierig mit Ihren ganz persönlichen Wünschen, auf die Sie am direktesten Einfluss nehmen können. Nutzen Sie die Gelegenheit und nehmen Sie Ihre Möglichkeiten unter die Lupe.

Schon bei der Formulierung von Wünschen und Zielen startet jeder mit unterschiedlichen Voraussetzungen. Je neugieriger Sie sind, desto kreativer werden Ihre Schritte auf dem Weg zum Ziel sein. Ihre Neugier eröffnet Ihnen einen «Ideen-Pool». Daher sind die Neugierigen bereits bei der Formulierung von Zielen etwas im Vorteil. Aber für diejenigen, die sich für weniger neugierig halten, gibt es gute Nachrichten: Sie können Ihre Neugier entwickeln! Es lohnt sich, gewohnte Pfade ab und an zu verlassen, denn die lassen die wertvolle Neugier verschwinden. Neugier braucht neue Wege und Vernetzung.

Das neugierige Gehirn ist gut vernetzt

Menschen, die sehr neugierig sind, haben ein sehr gut vernetztes Gehirn. Bernd Weber vom Life & Brain-Center der Universität Bonn konnte durch wissenschaftliche Untersuchungen zeigen, dass nicht einzelne Hirnzentren für das Motiv Neugier zuständig sind, sondern das Netzwerk des Gehirns. Mit standardisierten Fragen, wie beispielsweise «Probieren Sie häufig etwas Neues aus?» oder «Wechseln Sie häufig den Job?», wurden die Probanden während der Untersuchung konfrontiert. Mit Hilfe von bildgebenden Verfahren maßen die Wissenschaftler danach die Verbindungen der verschiedenen Hirnregionen. Das Ergebnis der Messungen zeigte, dass die Vernetzungen bestimmter Hirnregionen mit der Neugier in einem kausalen Zusammenhang stehen. «Die neugierigen Menschen haben eine besonders gut funktionierende Verbindung von Striatum und Hippocampus», folgert Weber aus den Untersuchungen, und weiter: «Wir konnten also zeigen, dass diese Verbindung zwischen diesen Hirnarealen darüber entscheidet, wie neugierig ein Mensch ist.»

Also: Die Vernetzung ist der entscheidende Faktor. Das Gute ist: Diese Vernetzung können Sie selbst beeinflussen, Sie können durch aktives Training die Vernetzung intensivieren und neugieriger werden.

Es ist ein sicheres Indiz für vorhandene Neugier, wenn Sie sich mit positiven Gefühlen auf Neues einlassen. Weniger Neugierige lassen sich nur schweren Herzens auf Veränderungen ein. Sich der Frage zu stellen, ob man sich im Laufe seines Lebens eine neugierige und forschende Haltung angeeignet hat, kann erhellend und schmerzhaft zugleich sein.

«Das ist ja frustrierend!», lautete der Kommentar einer Workshopteilnehmerin zum Ergebnis ihres selbst ausgewerteten Persönlichkeitstests. Den sehr praktikablen, von Bochumer Psychologen unter Leitung von Lisa Krelhaus entwickelten Persönlichkeitstest setze ich gern in Führungsworkshops ein. Die Fragen des Tests beziehen sich auf zehn unterschiedliche Motive und Einstellungen – und damit Antriebe, die in jedem Menschen schlummern. Die zehn Motive sind: Neugier, Geselligkeit, Macht, Gestaltung, Leistung, Uneigennützigkeit, Unabhängigkeit, Status, Wettbewerb und Selbstwirksamkeit.

Das Frustrierende für die Teilnehmerin war die Erkenntnis, dass das Motiv Neugier bei ihr eine extrem schwache Ausprägung hatte. Dieses Ergebnis überraschte sie zwar nicht wirklich, aber die Konfrontation mit der damit einhergehenden Tendenz, nicht offen für Neues zu sein, ärgerte sie. Genau dieser Vorwurf war ihr vertraut, sie kannte ihn von ihren Mitarbeitern ebenso wie von Freunden und ihrem Mann.

Für Führungskräfte sind neben dem Motiv Leistung die Motive Neugier und Gestaltung von besonderer Bedeutung. Eine starke Ausprägung dieser Motive ist ein wichtiger Faktor für ein erfolgreiches Führungsverhalten. Führungskräfte, die von ihren Mitarbeitern akzeptiert werden, sind offen für Neues. Sie stellen viele Fragen und gestalten gerne. Mit gezielten Fragen integrieren erfolgreiche Führungskräfte das Wissen ihrer Mitarbeiter. Gleichzeitig geben ihre Fragen Auskunft über eigene Motive. Positive Führung ist ein Prozess im Dialog. Wer gut fragt, führt gut!

Die Teilnehmerin aus dem Führungsworkshop fühlte sich zwar im ersten Moment durch das Testergebnis frustriert, aber auch insgeheim bestätigt. Ihre Erwartung und zugleich Hoffnung formulierte sie so: «Kann ich meine Neugier steigern?» Mit dieser Frage war sie bereits auf dem richtigen Weg.

Den neuen Ergebnissen der Hirnforschung zufolge kann man unabhängig vom Alter und unabhängig von der bisherigen Ausprägung der Motive immer noch neugieriger werden. Die Neugier und der Wille können tatsächlich trainiert werden. Das Gehirn ist wie ein Netz, je vernetzter, desto besser – desto neugieriger. Die Entwicklung eigener Fragen stärkt dieses Netz und lässt es wachsen.

Diese Nachricht hellte die Stimmung der Teilnehmerin ein wenig auf. Gleichzeitig fragte sie sich, ob ihr wohl überhaupt Fragen einfallen würden. Eine gute Frage – und zumindest ein Anfang.

Das Motiv Neugier hat die Neigung, sich zu verselbstständigen: Wenn Sie sich Ihre angeborene Neugier erhalten haben oder es Ihnen gelungen ist, die Neugier in sich neu zu wecken, kommt eine beflügelnde Suche nach immer neuen Fragen, Zielen und Herausforderungen in Fluss. Sie spinnen sozusagen das neuronale Netzwerk für Ihre Neugier.

Selbsteinschätzung für Neugierige

Jeder Mensch kommt neugierig auf die Welt. Die Neugier ist ein natürlicher und zugleich überaus nützlicher Impuls. Die Herausforderung besteht darin, diesen Impuls zu pflegen und für die eigenen Ziele zu nutzen. Prüfen Sie, inwieweit für Sie die folgenden Aussagen zutreffen. Und dann: Hand aufs Herz beim Nicken oder Kopfschütteln.

- Ich liebe es zu lernen.

– Ich bin in der Lage, Probleme zu erkennen und zu lösen.
– Ich liebe es, die Perspektive zu wechseln.
– Ich schätze Feedback.
– Ich lerne ständig Neues.
– Ich verschlinge Bücher.
– Fremde Kulturen interessieren mich.
– Ich lerne von kleinen Kindern.
– Ich liebe Veränderungen.
– Mir fällt schnell eine Frage ein.
– Mir fallen spontan hundert Fragen ein.

Fühlen Sie sich jetzt vor lauter Kopfnicken aufgeladen und glücklich? Oder geht es Ihnen ähnlich wie dem Mann aus dem alten Witz: «Herr Huber, Sie wohnen jetzt seit zehn Jahren direkt an der Autobahn. Spüren Sie irgendwelche Nebenwirkungen?» Herr Huber antwortet lächelnd und zischend wie ein Rennauto: «Neiiiiiin, neiiiiiin, neiiiiiiin!»
Gerade Führungskräfte sollten häufig genickt haben. Tendiert eine Führungskraft eher zum Nein, sollte sie möglicherweise ihr Führungsverhalten überdenken.

Fragen stellen – der Schlüssel zur Neugier

Von mir als Business-Trainerin erwarten Sie jetzt zu Recht tausend gute Ratschläge, wie Sie Ihre Neugier steigern können. In meiner Eigenschaft als Coach fühle ich mich selbst jedoch eher der Frage und weniger der Antwort und dem Ratschlag verpflichtet. Zwei Herzen in meiner Brust? Nein! Ich behaupte, dass gerade das Fragenstellen der Schlüssel zur Neugier ist.

Ich folge dem Trend, dass Ratschläge out sind. Über das Motto vieler Ratgeber «Was ich verstanden habe, setze ich für mich um. Was ich nicht verstehe, gebe ich als Ratschlag an andere weiter» kann man schmunzeln und gleichzeitig die darin enthaltene Kritik ernst nehmen. Genaue Anleitungen will heute kaum mehr jemand hören oder lesen.

Im Sinne dieses Trends sind alle Ratschläge in meinem Buch als Einladung zum Experimentieren gedacht. Die «Selbsteinschätzung für Neugierige» haben Sie schon kennengelernt. Vielleicht stellen Sie sich neugierig den Anregungen? Über die Faszination von vielversprechenden Methoden oder gar der «einzig wahren Methode» bin ich durch langjährige Coachingerfahrung mittlerweile hinausgewachsen. Es gibt nicht den einen richtigen Weg, sondern ganz viele verschiedene mögliche Wege.

Fest steht aber für mich: Unser Motivationsmotor braucht immer mal wieder neuen Stoff. Und den können Ihnen die vorgeschlagenen Experimente bieten. Jedoch sind sie keine Patentrezepte, sondern Inspirationsquellen. Sie sind mehr Fragen als Antworten. Bedenken Sie dabei, dass demotivierende Rückschläge dazugehören, um Ziele zu verfolgen. Denn: Gerade Umwege sind häufig spannend und aufschlussreich.

Inspirationen zur Neugier

Neugier und Kreativität sorgen für Bewegung, sowohl geistige als auch körperliche. Ohne Bewegung entsteht Langeweile, und diese wiederum fördert schlechte Laune. Um angeregt und aktiv zu bleiben, lohnt es sich, um eine forschende Haltung bemüht zu sein. Und die entsteht am besten durch das Fragenstellen.

Machen Sie ein kleines Experiment:

- Erstellen Sie eine Hitliste Ihrer eigenen wichtigsten Fragen (mindestens zwanzig, gerne auch mehr).
- Führen Sie ein Notizbuch und halten Sie Ihre Gedanken und vor allem Ihre Fragen darin fest.

– Schauen Sie sich die Liste zur «Selbsteinschätzung der Neugier» noch einmal an. Stellen Sie sich selbst jeweils mindestens eine Frage zu den mit Nein beantworteten Punkten.

Die Fähigkeit, sich selbst die passenden Fragen zu stellen, drückt Neugier aus, und das ist ein wichtiger Schlüssel zu beruflichem und privatem Erfolg.

Was genau haben Sie eigentlich davon, neugieriger zu werden? Die Antwort ist einfach: Sie fokussieren sich auf die Dinge, die Sie wirklich wollen. Das ist der Start einer erfolgreichen weiblichen Strategie. Auf geht's mit frischer Neugier zum Wollen!

Halten Sie Ihre wichtigsten Ziele fest

Können Sie spontan drei Ziele benennen, die Sie mit Leib und Seele verfolgen? Ob beruflich oder privat ist hier egal. Die Hauptsache ist, dass Sie in diesem Moment wissen, was genau Sie erreichen wollen.

Spontan heißt, dass Sie sogleich sagen können:

- Erstens dies!
- Zweitens das!
- Und drittens jenes!

Die Neugierigen haben unmittelbar drei wichtige Ziele im Kopf. Zusätzlich sind diese im iPhone, Blackberry, Palm oder herkömmlichen Notizbüchern unter Aufgaben gespeichert, um möglichst häufig an die Ziele erinnert zu werden. Diejenigen, die strategisch ihre Leistung steigern wollen, antworten hier eher: «Oh, spannende Frage! Ja, was genau sind eigentlich meine Ziele?» Zielsicherer werden Sie, wenn Sie jetzt neugierig in sich hineinhorchen und vertrauensvoll genau die ersten drei Punkte aufschreiben, die Ihnen aus dem Bauch heraus gesendet werden. Haben Sie die Funkverbindung zu Ihrem Bauch schon aktiviert?

«Wireless-LAN» zum Bauch

Rationales Denken, nach Prioritäten sortiert, kann uns daran hindern herauszufinden, welche Ziele in uns verborgen liegen. «Wireless-LAN» bedeutet bekanntlich «drahtloses lokales Netzwerk». Stellen Sie eine «Wireless-LAN»-Verbindung zu Ihrem Bauch her! Schreiben Sie genau die drei Ziele auf, die Ihnen wirklich spontan einfallen. Nutzen Sie Ihre Intuition. Kopf aus. Bauch an. Welche Ziele treten genau jetzt in diesem Moment zu Tage?

Rationales Überprüfen ist an dieser Stelle weder gewünscht noch erlaubt. Los, rechte Gehirnhälfte, flüstere dem Bauch deine Bilder!

Meine ersten drei Ziele sind:

1. ______________________________

2. ______________________________

3. ______________________________

Erstens, zweitens und drittens sind in dieser Liste durchaus als Rangfolge zu verstehen. Manche wundern sich über ihren ersten Impuls. Die linke Gehirnhälfte versucht zu bestimmen, ob es sich hier wirklich um die oberste Priorität handelt. Wenn Sie ehrlich zu sich waren und intuitiv geblieben sind, haben Sie hier einen wertvollen Schatz vor sich.

Die drei persönlichen Ziele, die Sie so gefunden haben, können Ihnen als Wegweiser dienen. Hier geht es nur um Sie selbst. Erst wenn Sie diese Signale für sich herausgefunden haben, macht es Sinn, sich den verschiedenen Rollen zu widmen, denen Sie außerdem gerecht werden wollen. Die Rolle im Beruf. Die Rolle in Ihrer Familie und die Rolle in Ihrem sozialen Netzwerk.

Die Begriffe Netz und Netzwerk sind hier in vielfacher Hinsicht von Bedeutung. Zum einen ist es der Gedanke an ein gut vernetztes Gehirn und an Ihre Neugier. Dann fällt einem das professionelle Netzwerken ein, das für die weibliche Karriere förderlicher ist als Glücksklee zu pflanzen oder diverse akademische Titel vorzuweisen. (Gerade gut funktionierende Frauennetzwerke gewinnen zunehmend an Bedeutung.) Schließlich ist ein Netz ein sehr treffendes Bild, um die Verankerung von Zielen zu veranschaulichen. Das Netz sorgt für Halt und Orientierung. Unser Gehirn liebt Orientierung und Vernetzung!

Spannen Sie Ihr Netz für eine gute Orientierung

Stellen Sie sich ein Netz mit fünf Befestigungspunkten vor. Die fünf Punkte stehen für fünf wichtige Lebensbereiche:

- 1. Körper und Psyche
- 2. Familie und Partnerschaft
- 3. Soziale Beziehungen
- 4. Karriere und Beruf
- 5. Finanzielle Absicherung

Das Netz dient zur Visualisierung des Potenzials an «gefühlten» Wünschen, Zielen und möglichen Herausforderungen.

Der Mittelpunkt des Netzes ist als unterster Wert einer Skala mit null belegt. Bei einer Bewertung nahe Null warten die meisten Herausforderungen beziehungsweise Veränderungen auf Sie. Die Punkte am äußersten Rand des Netzes haben den Wert zehn. Je höher Sie die einzelnen Bereiche intuitiv bewerten, desto größer ist Ihre Zufriedenheit genau in diesem Bereich. Ein Bild von einem insgesamt weit gespannten Netz steht für eine hohe Gesamtzufriedenheit. Und umgekehrt: Je kleiner oder asymmetrischer das Bild Ihres Netzes ist, desto mehr Handlungsbedarf erkennen Sie in einem oder mehreren Lebensbereichen.

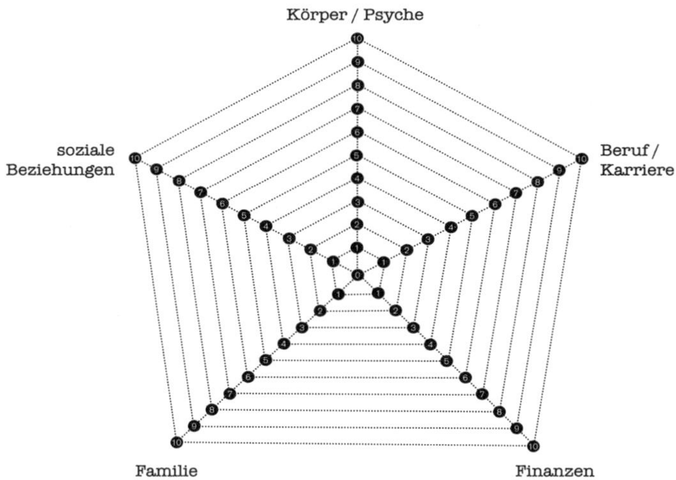

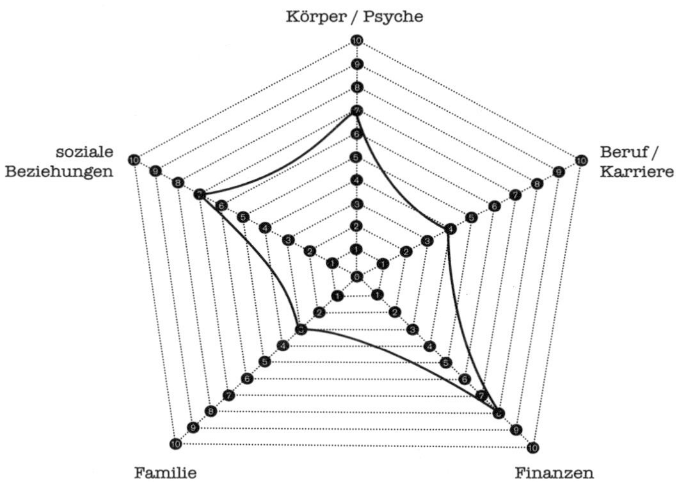

Die einzelnen fünf Bereiche werden im vierten Kapitel mit entsprechenden Fragen beleuchtet, um das nötige Gefühl für die einzelnen Bereiche zu aktivieren. Wenn Sie jetzt schon loslegen wollen, können Sie direkt mit dem vierten Kapitel weitermachen. Oder sind Sie zunächst neugierig auf das Thekla-Prinzip?

Das Thekla-Prinzip

In vielen Einzelcoachings und Strategieworkshops habe ich gemeinsam mit weiblichen Führungskräften das Thekla-Prinzip entwickelt, ein sehr nützliches Tool zur Orientierung. Das Thekla-Prinzip ist das Salz in Ihrer «Ziel-Suppe»! Es beschreibt Kriterien für weibliche Ziele. Es ist in Anlehnung an die bekannte SMART-Formel aus dem Projektmanagement entwickelt beziehungsweise erweitert worden.

Die SMART-Formel nach Lothar J. Seiwert lautet:

- S = spezifisch: Ein Ziel soll konkret sein.
- M = messbar: Ein Ziel muss überprüft werden können.
- A = attraktiv: Ein Ziel soll motivieren.
- R = realistisch: Ein Ziel soll erreichbar sein.
- T = terminiert: Ein Ziel soll einen zeitlichen Bezug haben.

Das Thekla-Prinzip baut auf Lösungen mit deutlich mehr emotionalem Schwung. Es passt hervorragend zur Netzmethode. Ich bereichere das oben beschriebene Bild des Netzes mit einer Protagonistin, der Architektin des Netzes: Ihr Name sei Thekla!

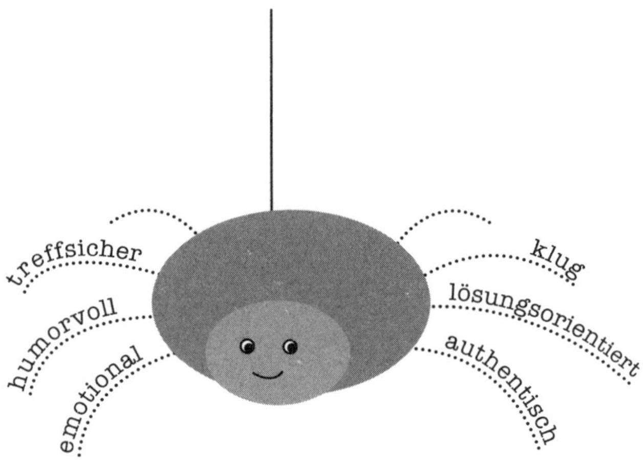

Thekla ist eine Meisterin im Spinnen von Fäden. Sie weiß, welche Menschen sie für sich gewinnen sollte. Und sie gehört nicht zu den Spinnen, welche die männlichen Artgenossen fressen! Es wird ein tragfähiges Netz, denn Thekla ist eine clevere und geduldige Strategin. Nicht zufällig liefern die Buchstaben ihres Namens die Inspiration zur Formel für weiblichen Erfolg:

- T = treffsicher: → Das Ziel trifft ins Herz.
- h = humorvoll: → Das Ziel zwinkert mir zu.
- e = emotional: → Das Ziel ist ein emotionales Bild.
- k = klug: → Das Ziel berücksichtigt diverse Blickwinkel.
- l = lösungsorientiert: → Das Ziel baut auf Win-Win-Lösungen.
- a = authentisch: → Das Ziel passt zu mir.

Die Thekla-Fragen lauten:

- T = Was genau ist Ihr Ziel?
- h = Was «lacht» Sie an, wenn Sie an Ihr Ziel denken?
- e = Welches Bild passt zu Ihrem Ziel?
- k = «Von oben betrachtet»: Warum ist es klug, dieses Ziel zu verfolgen?
- l = Welchen Sinn hat Ihr Ziel für Sie und Ihr näheres Umfeld?
- a = Warum passt Ihr Ziel genau zu Ihnen?

Unsere Protagonistin Thekla steht für eine erfolgreiche weibliche Strategie.

Die Thekla-Strategie

Die erfolgreiche weibliche Strategie folgt drei Grundsätzen:

- Erstens: Ich weiß, was ich will!
  Ich bin neugierig. Mit einer guten Portion Intuition finde ich meine Ziele.
- Zweitens: Ich bleibe geduldig dran!

Ich verankere meine Ziele mit meinen Emotionen, das gibt mir Motivation und Durchhaltevermögen, um unbeirrt meine Ziele zu verfolgen.

- Drittens: Ich bekomme, was ich will!
  Ich stelle mich entschlossen den Herausforderungen und erreiche meine Ziele.

Diese drei Grundsätze finden sich in den drei Teilen dieses Buches wieder, die ich kurz und prägnant «das Wollen», «das Dranbleiben» und «das Bekommen» nenne. Meine Erfahrung mit Frauen in Führungspositionen bestätigt diese Strategie. Sie ist sozusagen deren Geheimtipp.

Frauen müssen zahlreiche Hürden überwinden, um in gute Positionen zu gelangen. Es gilt, frauenfeindliche Regeln zu durchschauen und zu lernen, mit diesen klug und lösungsorientiert umzugehen. Es gilt, Ziele passgenau zu bestimmen und die Erfolgsstrategie konsequent zu verfolgen. Dabei aber auch einmal Mut zur Lücke zu haben. Noch eines ist mir besonders wichtig: Bei aller Zielstrebigkeit sollten Frauen ihren Humor nicht verlieren, sonst verlieren sie zugleich den Spaß und damit auch ihre Ziele aus dem Auge.

Das Bestreben ist, neugierige und forschende Frauennetzwerke wachsen zu lassen und weibliche Qualitäten nach und nach in die Führungsetagen deutscher Unternehmen einzuspinnen.

Wählen Sie Ihre Top-Drei aus! Alle folgenden Kapitel werden mit einer Intuitionsübung abgerundet. Diese Übung fördert die Neugier und trainiert gleichzeitig die Vernetzung im Gehirn. Sie werden Kapitel für Kapitel schneller und spontaner und Sie steigern Ihre Kreativität.

Spielregeln:

- Antworten Sie spontan.
- Es geht um Ihre Intuition.
- Nur Ihre ehrliche Antwort zählt!

«Wireless-LAN» zum Bauch – Übung 1

Welche drei Themen/Personen/Dinge machen Sie momentan neugierig?

1. ______________________________

2. ______________________________

3. ______________________________

2 Was sind eigentlich «weibliche Qualitäten»?

Eine Frau, gleichgestellt, wird überlegen.

Sokrates

Als Marion Sander ihre brillante und wegweisende Präsentation vor der versammelten Marketing-Mannschaft beendet hat, wartet sie vergeblich auf ein qualifiziertes Feedback ihrer ausschließlich männlichen Kollegen. Zunächst herrscht betretenes Schweigen. Später bekommt sie zu hören, dass ihre Präsentation sehr hart und so gar nicht weiblich war: «Das steht Ihnen nicht, wenn Sie so streng sind.» Sie denkt: «Euch Männern kann man es wirklich nicht rechtmachen.»

Frau Sander ist sauer, besonders wenn sie daran denkt, welche Wandlung sie hinter sich hat. Nach den ersten Präsentationen vor ungefähr drei Jahren, als sie im Unternehmen angefangen hatte, bekam sie durchweg «positive» Rückmeldungen. Zum Beispiel: «Wie charmant und unterhaltsam, so frisch und witzig.» Dann sogar «Sie sehen ja wieder toll aus». Um die Inhalte kümmerte sich kaum jemand – wie ärgerlich!

Um ernsthaft gehört zu werden, hatte Marion Sander sich daraufhin verändert. Ihr Stil ist heute bewusst kühl, ihre Sprache klar und sachlich. «Das müssten Männer doch gut verstehen», denkt sie. Ihre Lockerheit und Unbefangenheit hat sie nach den drei Jahren in dieser Runde verloren.

Ähnlich geht es vielen Frauen, besonders in den Führungsetagen von Unternehmen. Auch sie laufen «Gefahr», ihre Authentizität zu verlieren. Der Wunsch und das Recht, als kompetente Frau wahrgenommen zu werden, sind ein wichtiges Thema – und deshalb unter anderem Gegenstand dieses Kapitels. Es sieht mitunter so aus, als müssten Frauen eine andere «Form» annehmen, um ins Bild der Männerrunde zu passen.

Zudem werden in diesem Kapitel die Vorzüge weiblicher Qualitäten beleuchtet. Sie lernen die Architektin Zaha Hadid kennen, die sich erfolgreich in einer Männerdomäne bewegt. Hadids Strategie veranschaulicht das Thekla-Prinzip aus dem ersten Kapitel.

Was macht weiblichen Erfolg aus?

Eine Kollegin erzählte mir von ihrem Auftrag, Strategiemeetings mit dem obersten Management eines großen deutschen Unternehmens durchzuführen. Sie war schon lange in diesem Unternehmen erfolgreich als Coach für männliche und weibliche Führungskräfte im Einsatz. Ihre wertvolle Arbeit als Coach wurde und wird sehr geschätzt. Da das Leiten und Moderieren von Strategiemeetings nicht zu ihren Arbeitsschwerpunkten gehörte, bereitete sie sich intensiv und hochprofessionell auf diesen für sie unglaublich wichtigen und herausfordernden Auftrag vor. Sie hatte einen Namen als angesehener Coach von Führungskräften zu verteidigen und wollte den Auftrag kompetent, sicher und für das Unternehmen und für sich selbst erfolgreich erfüllen.

Das erste Strategiemeeting empfand sie zunächst als ausgesprochen erfolgreich. Alle waren begeistert, sagte sie mir. Kommentare wie «Die Frau hat Power!» oder «Endlich mal mehr Pep in unserer Runde!» störten sie zunächst überhaupt nicht. Nach dem dritten Strategiemeeting aber wurde ihr langsam klar, dass sie nicht in erster Linie wegen ihrer Kompetenz engagiert wurde. Sie fühlte sich zunehmend als eine Art «Animateurin», als hübsches Beiwerk im harten

Strategiegeschäft. Der Groschen fiel, als sie sich auf das vierte Review vorbereitete. Sie telefonierte mit der Geschäftsführung, um den Ablauf und den zeitlichen Rahmen zu besprechen. In diesem Gespräch fragte sie, ob die Dokumentationen des letzten Meetings, die sie eingereicht hatte, so in Ordnung seien. Der Geschäftsführer sagte daraufhin: «Ja, alles wunderbar. Aber wichtiger ist, dass Sie die Männer wieder richtig aufmischen. Sie machen das so nett!»

Bei dem Wort ‹nett› drehte sich meiner Kollegin der Magen um. ‹Nett› ist meilenweit entfernt von ‹professionell›. Und das war es, worum es ihr ging. Sie gab daraufhin den Auftrag an einen von ihr und vom Unternehmen geschätzten männlichen Kollegen weiter – aus Angst, ihren guten Namen als professioneller Coach zu verlieren.

Meine Kollegin fühlte sich nach diesem Auftrag nicht besonders erfolgreich. Das wirft die Frage auf: Wie lässt sich echter weiblicher Erfolg eigentlich messen? Vielleicht so: Frauen sind beruflich erfolgreich, wenn sie sich mit Professionalität und Kompetenz durchsetzen.

Ich stelle aber fest: Viel zu häufig verbiegen sich Frauen. Es ist geradezu unglaublich, wie sie manchmal durch den Anspruch, möglichst allen gerecht zu werden, eine für die Umwelt sichtbar veränderte Form annehmen. Denken Sie dabei an Marion Sanders Verwandlung: Von natürlich weiblich hin zu unnatürlich kühl und sachlich. Oder denken Sie an meine Kollegin, die mit dem Anspruch, kompetent und lösungsorientiert zu arbeiten, antrat und sich dann eher als hübsches Beiwerk von den Managern wahrgenommen fühlte.

Und betrachten Sie auch diejenigen Frauen vor Ihrem geistigen Auge, die sich im wahrsten Sinne des Wortes verbiegen, um Beruf und Familie unter einen Hut zu bringen. Die das Mobiltelefon zwischen Schulter und Ohr einklemmen, dabei die Suppe umrühren, das Baby beruhigen, dem Hund mit einem Fuß den Futternapf hinschieben, am Laptop die E-Mails checken und im Kopf die Besprechung für den nächsten Tag planen.

Was unterscheidet Frauen wirklich von Männern?

Hartnäckigen Gerüchten zufolge sind Frauen aus unterschiedlichsten Gründen deutlich eher Multitasking-fähig als Männer. Schaut man genauer hin, sind die Voraussetzungen für Multitasking im Gehirn bei Männern und Frauen grundsätzlich gleich.

Doch nicht Multitasking-fähig

Es gilt heute als erwiesen, dass weder männliche noch weibliche Gehirne Multitasking oder Parallel-Processing beherrschen.

Das Gehirn arbeitet nicht parallel an mehreren Aufgaben, sondern immer seriell – auch wenn durch die unglaubliche Geschwindigkeit die Illusion der Gleichzeitigkeit entstehen kann. «Wir machen Dinge grundsätzlich nicht gleichzeitig», zerstört der Aachener Psychologe Prof. Iring Koch den Mythos vom menschlichen Multitasking. Man bearbeitet Aufgaben der Reihe nach, fällt Entscheidungen hintereinander – nur in schneller Folge.

Frauen sind also genauso wenig Multitasking-fähig wie Männer, aber Frauen beeilen sich häufiger und tanzen auf vielen Hochzeiten gleichzeitig – und manches Mal auf keiner richtig. Dies geschieht nach dem Motto «Alles muss doch irgendwie möglich sein!». Der Spagat zwischen eigenen Ansprüchen und dem Anspruch, eine gute Partnerin zu sein, zwischen Familie und Beruf, zwischen Kinderwunsch und Karriere. Frauen stehen vor der Herausforderung, möglichst alle Ziele gleichwertig und gleichzeitig zu erreichen.

Es ist außerdem eine gesellschaftliche Tatsache, dass Frauen und Männer im Business und in der Partnerschaft nicht auf Augenhöhe stehen. Männer sind häufiger in Führungspositionen und verdienen mehr. Und als ob das nicht ungerecht genug wäre, herrscht in den wenigsten Haushalten eine gleichberechtigte Aufteilung der Hausarbeit.

Es gibt unterschiedliche Erklärungsansätze, warum Männer in aufrechterer Haltung und zielorientiert ihre beruflichen und privaten Ziele verfolgen und warum Frauen zu akrobatischen Verrenkungen und Verstrickungen neigen. Einige ziehen die kulturelle Prägung oder gesellschaftliche Traditionen heran. Andere Erklärungsansätze beruhen auf der Evolutionsbiologie. Wahrscheinlich sind die Gründe eine Kombination aus alledem.

Die geschlechtsspezifischen Unterschiede sorgen jedenfalls für ungleiche Chancen bei der Verfolgung beruflicher und privater Ziele. Deutlich ist das an den unterschiedlichen Aufstiegschancen und der ungleichen Gehaltsverteilung abzulesen.

Bemerkenswert ist in diesem Zusammenhang, dass laut einer aktuellen Studie des Projekts «LohnSpiegel» im Auftrag des deutschen Bundesfrauenministeriums eine überwältigende Mehrheit von 92 Prozent der Bevölkerung meinen, dass Frauen und Männer für gleiche oder gleichwertige Arbeit selbstverständlich gleich bezahlt werden sollten. Realität ist jedoch, dass Frauen in Deutschland nach drei Berufsjahren 17,5 Prozent weniger verdienen als Männer. Vergleichbare Zahlen zeigen Studien aus der Schweiz.

Dem steht eine wichtige Erkenntnis aus einer neuen Studie «Frauen auf dem Sprung» gegenüber: Frauen zwischen 27 und 29 Jahren fühlen sich, trotz der vorhandenen ungleichen Chancen, unabhängig, zielstrebig und selbstbewusst. Sie meinen, es sei nur eine Frage der Zeit, bis die Frauen die Männer im Beruf überholt haben.

Solche Studien sorgen für eine Aufbruchsstimmung. Die sogenannten «Powerfrauen» kommen einem in den Sinn. Ist das Überholen der Männer das unbedingte Ziel? Ich sage: Unbedingt sollten Frauen endlich aufholen, um auf der langen Strecke der wirtschaftlichen Entwicklung endlich mit den Männern gleichzuziehen.

Ein Gespräch mit einem männlichen Coachingteilnehmer hat

mich für das Thema, was Frauen erwarten, auf besondere Weise sensibilisiert. Ich musste tief in mich hineinhorchen, um mir eine Meinung zu seinem Statement zu bilden. Sein Standpunkt ist, dass Frauen mit gespaltener Zunge reden, dass sie offiziell gern über «gleiche Augenhöhe» und «Lastenverteilung» reden. Im persönlichen Gespräch würden dieselben Frauen aber zugeben, dass sie kein «Weichei» zu Hause haben wollen, das mit Schürze in der Küche steht. Und dass sie auch keinen Mann wollen, der von ihnen finanziell abhängig ist.

Wie denken Sie darüber? Ich bin trotzdem der Meinung: Frauen sollten Gas geben. Und dann können sie die eigene Geschwindigkeit wieder drosseln, wann und wie viel sie wollen.

Weibliche Durchsetzungskraft

Emanzipation ist irgendwie out, oder? Vielleicht ist das Bild einer «typischen Emanze» nicht mehr wirklich in. Aber: Feminismus ist immer in und Gleichberechtigung ein absolutes Muss. Denn eines ist klar: Frauen sind genau wie Männer imstande, fähig, aufrecht und geradlinig ihre Ziele zu verfolgen und zu erreichen. Häufig werden erfolgreiche Frauen jedoch von Männern gefürchtet und nicht selten unfair von ihnen behandelt. Genau deswegen müssen Frauen lernen, sich in einer von Männern geprägten Businesswelt selbstbewusst und selbstsicher zu bewegen.

Besonders wichtig ist eine klare und feste Haltung. Nicht selten stoßen weibliche Forderungen auf heftige Ablehnung. Die Gefahr, sich dann selbst untreu zu werden, um zu gefallen, ist bei Frauen besonders groß. Frauen wollen gefallen. Die Basis für diese Verhaltenstendenz ist maßgeblich in der Erziehung von Mädchen begründet. Es braucht eine bewusste Entscheidung, sich aus dem Korsett des Gefallen-Wollens zu befreien.

Exemplarisch für die perfekte Verbindung von Zielsicherheit und weiblicher Durchsetzungskraft in einem ausschließlich von Männern bestimmten Business steht die aus dem Irak stammende Architektin und Architekturprofessorin britischer Nationalität, Zaha Hadid.

Zaha Hadid – die berühmteste Architektin der Welt

Zaha Hadid möchte durch ihre Architektur die Welt verbessern. Ihre Gebäude sollen «tanzen» und sich gleichzeitig der natürlichen Umgebung anpassen. Hadid ist die einzige Frau an der Spitze einer männlich dominierten Bau- und Architekturszene. Sie sagt: «Wenn man als Frau zu irgendetwas Nein sagt, gilt man sofort als schwierig.» Schwierig war es für Zaha Hadid, die nötige Anerkennung zu bekommen.

Sie hat sich gegen arrogante Bauherren gewehrt und Rückgrat gezeigt. Es war eine echte Herausforderung, weibliche Architektur an den Mann zu bringen. Ihre Ausdauer und vor allem ihre absolute Authentizität haben sich ausgezahlt. Als erste und bislang einzige Frau nahm sie 2004 den weltweit renommiertesten Preis im Bereich der Architektur, den Pritzker-Preis, entgegen. 2009 erhielt sie den Praemium Imperiale, einen internationalen Kunst- und Kulturpreis, der als «Nobelpreis» der Künste gilt.

Bei Hadid treffen Neugier und Intuition zusammen mit einem hohem Bildungsgrad und dem starken Drang nach Veränderung. Aus dieser Mischung sind einzigartige Bauten entstanden. Das Besondere: Die Gebäude wirken weich, fließend und transparent – irgendwie natürlich und weiblich.

Hadids Entwürfe galten vor ihrem internationalen Erfolg als brillant im Modell, aber nicht realisierbar. Ein Vorurteil, das sie mit der Umsetzung vieler Entwürfe inzwischen entlarvt hat.

Die Person Zaha Hadid dient hier als Vorbild für eine weibliche Strategie und weiblichen Erfolg. Insbesondere deswegen, weil sie sich selbst auf ihrem Weg treu geblieben ist, das Feminine in ihrer Arbeit gepflegt und ihrer Intuition immer Vertrauen geschenkt hat.

Folgende Textpassagen aus einem Interview mit Zaha Hadid in der Süddeutschen Zeitung im November 2009 lassen das Thekla-Prinzip noch deutlicher werden (Eva Karcher: Architektin Zaha Hadid. Über Ecken, Süddeutsche Zeitung, 14. November, 2009). Um die Kraft von Hadids Bildern nicht zu zerstören, verzichte ich auf eine Kommentierung der einzelnen Aussagen:

treffsicher → Das Ziel trifft ins Herz.
«Es gibt eine Berührung in der Leichtigkeit. Meine Gebäude sollen fließen und ihre Umgebung in Schwingung versetzen. Das ist vielleicht das tänzerische Moment.»

humorvoll → Das Ziel zwinkert mir zu.
«Es ist immer noch eine Männerwelt. Das Fountainhead-Syndrom. Kennen Sie den Film nach dem Roman von Ayn Rand mit Gary Cooper? Es geht um einen jungen, sehr begabten Architekten, der kompromisslos, allen Widrigkeiten zum Trotz seiner Vision von moderner Architektur folgt – und am Ende endlich anerkannt wird. Ein wenig fühle ich mich wie er.»

emotional → Das Ziel ist ein emotionales Bild.
«Wenn ich baue, denke ich tatsächlich immer daran, wie gern die meisten Menschen in der Natur spazieren gehen. Sie fühlen sich einfach gut dabei. Vielleicht begreifen sie meine Architektur intuitiv als eine Art Landschaft im urbanen Raum.»

klug → Das Ziel berücksichtigt diverse Blickwinkel.
«Mein Vorteil ist, dass es immer noch wenige weibliche Rollenmodelle in meinem Beruf gibt. Deshalb habe ich einen größeren Freiraum. Aber den konnte ich erst nach Jahren genießen. Am Anfang,

als ich nach London kam, fühlte ich mich wie eine Vertriebene, eine Außenseiterin, fehl am Platz. Ich glaube, ich habe die Leute verwirrt mit der Art, wie ich mich kleidete, mit dem, was ich tat. Darüber vergaßen sie, dass ich gute Arbeit lieferte.»

lösungsorientiert → Das Ziel baut auf eine Win-Win-Lösung.

«Sie meinen, dass Männer angeblich rationaler und linearer denken. Diese Vorstellung, Architektur müsse eckig und kantig sein. Was wiederum als typisch männlich gilt. Was für ein Unsinn! Das ist ein Stereotyp, das auf die Anfänge des Modernismus zurückgeht, als man für Massenproduktionen wenige Formenraster verwendete. Wie rational sind Männer, die das Planetensystem erforschen? Eben, kein bisschen. Andererseits glaube ich schon, dass Frauen weniger dogmatisch denken.»

authentisch → Das Ziel passt zu mir.

«Als Kind galt ich als exzentrisch. Vielleicht, weil ich mit zehn Jahren meine Spielsachen aus dem Kinderzimmer warf und mir stattdessen einen Schreibtisch und eine Bücherwand hineinstellte. Ich wollte ein Arbeitszimmer haben, wie mein Vater. Bin ich exzentrisch? Okay. Ich befolge keine Regeln, oder besser: nur meine eigenen. Vielleicht ist das der Keim für Exzentrik. Und meine Wahlheimat ist Großbritannien, das einzige Land, in dem man künstlerisch erfolgreich und zugleich exzentrisch sein kann. Jedoch nur, solange man sich in der Phase der Versuche befindet. Sobald es um die Realisierung von Projekten geht, wird man nicht mehr unterstützt.»

Welche Möglichkeiten bieten Ihnen die Grundpfeiler einer weiblichen Strategie nach dem Thekla-Prinzip?

Mit Sicherheit einen spannenden Ausblick auf eigene Ideen und hoffentlich den Mut, diese auf weibliche Weise durchzusetzen.

Was genau sind weibliche Qualitäten?

Verschiedene Forschungsrichtungen beobachten schon seit den 1950er-Jahren den Wandel von Denkmustern und Wertvorstellungen in der Gesellschaft. Die soziologische Geschlechterforschung erweiterte die Ergebnisse mit verschiedenen Studien aus den 1960er- bis 1990er-Jahren. Die Resultate der Auswertungen sind nicht sonderlich erstaunlich. Es lassen sich geschlechtsspezifische Unterschiede ablesen.

Männer orientieren sich, nach dem Soziologen Dieter Otten, nach wie vor an einer materiellen Grundhaltung. Der Hauptakzent liegt auf dem finanziellen Erfolg, dem schnellen Geld, dem Sich-etwas-leisten-Können, auf Statussymbolen. Weit vorn liegt auch das Streben nach sexueller Befriedigung. Die Entwicklung der eigenen Persönlichkeit und die Frage nach der Sinnhaftigkeit des Berufs spielen nur eine untergeordnete Rolle.

Frauen hingegen sind besonders stark an der eigenen persönlichen Entwicklung interessiert. In Konflikten versuchen sie einen Ausgleich der verschiedenen Interessen zu erreichen. Die Selbstbestimmung im beruflichen und privaten Bereich hat einen zunehmend höheren Stellenwert. Immer wichtiger ist es geworden, Familie und Karriere zu kombinieren, wobei der Schwerpunkt nicht auf materiellem Erfolg liegt.

Der fehlende Fokus auf materiellen Erfolg fördert geradezu materielle Ungerechtigkeiten. Nach dem Motto: Eigenes Geld ist den Frauen ja nicht so wichtig. Aber genau das stimmt nicht! Eigenes Geld ist auch Frauen wichtig. Der andere Aspekt: Gerade der angestrengte Versuch, Familie und Karriere miteinander zu vereinbaren, birgt für Frauen die Gefahr, sich zu verbiegen. Kindererziehung und berufliches Engagement sind nicht so einfach unter einen Hut zu bekommen. Zielführend, im Sinne der Gleichberechtigung, ist es überhaupt nicht, Frauen als die moralisch besseren Menschen darzustellen. Sie sind anders, setzen andere Akzente, bringen andere Qualitäten mit ein.

Das Thekla-Prinzip und weibliche Qualitäten
Das Thekla-Prinzip und weibliche Qualitäten lassen sich überzeugend nebeneinander darstellen.

- treffsicher → ökologisch, sozial, erhaltend
- humorvoll → Sinn für gute Atmosphäre
- emotional → beziehungsorientiert
- klug → verschiedene Perspektiven beachtend
- lösungsorientiert → mit Blick für die Zukunft
- authentisch → transparente Entscheidungen

Unternehmen, die in ihrer strategischen Ausrichtung unter anderem auf ökologische und soziale Werte setzen, werden aus weiblichen Qualitäten, die ausgleichend und erhaltend wirken, Vorteile ziehen. Global gesehen, ist es allemal höchste Zeit für weibliche Qualitäten in der Unternehmensführung.

Eine neue Zeit für weibliche Qualitäten

Ich halte es für erstrebenswert und überaus wichtig, dass weibliche Strategien über persönliche Erfolge hinaus im Management von Unternehmen ankommen – und somit eine weiblichere Perspektive im Management ermöglichen.

Es wird Zeit, dass Frauen nicht mehr auf ihre weibliche Geschlechterrolle reduziert werden, sondern auch durch ihre weiblichen Managementqualitäten glänzen.

Ohne den Männern allein die Schuld für die aktuelle Wirtschaftskrise und für vorherige Krisen in die Schuhe schieben zu wollen, so sind es doch durchweg Manager – und nicht Managerinnen! –, die mit hochfliegender Jahresplanung, wohlklingenden Managementstrategien und überproportionalen Bonuszahlungen die Unternehmen prägen. Dieses Management ist auf kurzfristige Gewinnmaximierung ausgerichtet und weniger auf langfristigen Erhalt der Unternehmen. Ich meine: Ein ausgleichendes Management, basierend auf weniger riskanten Strategien, könnte die nächste Krise verhindern.

Durch mehr Frauen im Management und Topmanagement könnten langfristig die Business-Strategien um die weibliche Perspektive ergänzt werden. Frauen in Führungspositionen können einen wichtigen Beitrag zum notwendigen Umdenken leisten.

Wie schon gesagt, sind in Deutschland und der Schweiz Frauen in Führungspositionen deutlich unterrepräsentiert. Für viele europäische Nachbarländer – etwa Frankreich oder Skandinavien – ist es weitaus selbstverständlicher, dass Frauen oberste Managementfunktionen erfüllen und dafür das gleiche Gehalt wie ihre männlichen Kollegen beziehen. Es wird höchste Zeit, dass wir diesem europäischen Trend folgen!

«Wireless-LAN» zum Bauch – Übung 2

Welche drei Qualitäten zeichnen Sie persönlich aus?

1. ____________________

2. ____________________

3. ____________________

3 Warum Intuition zu guten Entscheidungen führt

Intuition ist der eigenartige Instinkt, der einer Frau sagt, dass sie recht hat, gleichgültig, ob das stimmt oder nicht.

Oscar Wilde

Den Blick für das Wesentliche behalten, persönliche und berufliche Ziele verfolgen und den eigenen Weg gehen – das sind Herausforderungen, die Sie spontan möglicherweise nicht mit Intuition verbinden, sondern im Gegenteil mit rationalem Denken. Manchmal fordern uns gerade diese Aufgaben so heraus, dass wir uns den Kopf darüber zerbrechen. Dabei wäre das Vertrauen auf die Intuition eine große Hilfe, besonders, wenn es um Veränderungen geht, bei denen wir nicht genau sagen können, was eigentlich das Ziel ist.

Das intuitive Bewerten und Entscheiden ist die eine Möglichkeit, die Sie auch schon immer irgendwie genutzt haben, das rationale Abwägen ist die andere. Rationale Entscheidungen sind vollkommen richtig und unbedingt notwendig, dennoch sind es die intuitiven Entscheidungen, die im Folgenden bewusst auf den Thron gehoben werden. Anhand eines exemplarischen Coachingfalls werde ich aufzeigen, dass man mit Hilfe der Intuition Ziele finden kann, die dem Verstand noch verborgen waren.

Ein Hoch auf die Intuition

Kennen Sie das? Ein Blick in die Speisekarte, und Sie wissen, was Sie essen wollen. Dann fangen Sie an, hin und her zu überlegen und die Freunde, die mit Ihnen am Tisch sitzen, zu fragen. Schließlich bestellen Sie nach reiflicher Überlegung genau das Falsche. Hier zeigt sich: Der analytische Verstand hilft nicht immer dabei, das Richtige zu erkennen. Die Intuition dagegen, die ganz spontan ist, kann beim Auswählen und Entscheiden sehr hilfreich sein. Aber in welchen Fällen soll man eigentlich auf seine innere Stimme hören?

Im beruflichen Kontext ist Intuition vor allem dann sinnvoll und erfolgversprechend, wenn Sie eine Expertin auf dem Gebiet sind, in dem eine Entscheidung zu treffen ist. Meine Erfahrungen aus dem Coaching mit weiblichen Führungskräften bestätigen dies. Vor allem weibliche Führungskräfte vertrauen häufig und erfolgreich auf ihre Intuition. Die Basis dafür sind allerdings umfangreiches Wissen und langjährige Erfahrung auf ihrem Gebiet. Ihre Intuition wird immer von Ihrem Wissensschatz und Ihren Erfahrungen geprägt. Prof. Dr. Steinkellner bringt es auf den Punkt: «Intuition und Rationalität sind aus meiner Sicht keine Gegensätze, sie ergänzen einander. Werden intuitive Entscheidungen auf einem Gebiet getroffen, wo man großes Wissen und umfangreiche Erfahrungen hat, dann können sie meiner Meinung nach ‹rationaler› sein als rationale Entscheidungen.» Je mehr Erfahrungen Sie in Ihrem Leben gesammelt haben, umso zuverlässiger funktioniert Ihre Intuition.

Intuition kann als ein In-sich-Hineinhören beschrieben werden. Die innere Stimme, die das Intuitive zum Ausdruck bringt, räumt häufig Zweifel aus und gibt Ihnen zuverlässige Hinweise darauf, was Sie wann und wie am besten tun. Wenn Sie auf Ihre Intuition hören, werden Sie feststellen, dass die darauf basierenden Entscheidungen Ihnen eine angenehme innere Sicherheit geben.

Wichtig ist jedoch, die Intuition nicht zu mystifizieren, sondern sie immer geschickt in Kombination mit den übrigen Sinnen und dem logischen Verstand einzusetzen.

Die innere Stimme befragen
Wenn demnächst eine wichtige Entscheidung zu treffen ist oder Sie vor verschiedenen Alternativen stehen, dann hören Sie unbedingt zunächst auf Ihre innere Stimme – Sie und Ihr Bauch, ganz alleine. Fragen Sie zunächst keine Freunde oder Bekannten um Rat.
Erst wenn Sie Ihre Intuition gespürt haben, fragen Sie Ihre vertrauten Ratgeber und besprechen sachliche Argumente. Durch die Kombination der inneren Stimme und Rationalität gelangen Sie meist zu den besten Ergebnissen.

Weibliche und männliche Intuition

Gibt es einen Unterschied zwischen weiblicher und männlicher Intuition? Tendenziell vielleicht!

Wissenschaftler sind sich darüber noch nicht ganz einig. Die geschlechtsspezifische Differenzierung hat auf der einen Seite etwas mit männlichem und weiblichem Rollenverhalten und den sich daraus ableitenden «typisch weiblichen» und «typisch männlichen» Eigenschaften zu tun. Auf der anderen Seite spielen sicher auch biologische Aspekte wie Gene, physische Konstitution und Hormone eine Rolle.

Mythos weibliche Intuition?
Die 2005 durchgeführte wissenschaftliche Studie des britischen Psychologieprofessors Richard Wiseman zeigt, dass weibliche Intuition gegenüber der männlichen Intuition nicht unbedingt besser abschneiden muss. Wiseman ging zwar davon aus, dass

Frauen intuitiv sicherere Entscheidungen treffen als Männer. Diese Annahme wurde durch seine Untersuchung jedoch nicht bestätigt.
Im Rahmen der Studie wurden 15000 Teilnehmern Fotos mit männlichen und weiblichen Personen gezeigt, einmal mit einem «echten» Lächeln, das zweite Mal mit einem «falschen» Lächeln. Aufgabe war es, das falsche Lächeln spontan zu erkennen.
Vor dem Versuch haben die Teilnehmer die eigene Intuition eingeschätzt. Frauen schätzen sich dabei wesentlich «intuitiver» ein als die Männer. Sie glaubten, ein falsches Lächeln intuitiv sicher erkennen zu können.
Das Ergebnis: Männer haben etwas «besser» abgeschnitten. Die Erfolgsquote der Männer lag bei 72 Prozent, die der Frauen nur bei 71 Prozent. Häufig belegen Studien die zuvor aufgestellte These, bei dieser Studie war dies nicht der Fall.

Bisherige wissenschaftliche Untersuchungen zeigen, dass es keinen gravierenden Unterschied zwischen weiblicher und männlicher Intuition gibt. Und überhaupt erweist es sich als schwierig, ihn herauszufinden. Aber Frauen haben «intuitiv» zumindest an der Börse ein besseres Händchen als Männer. In den Jahren 2007 und 2008 erwirtschafteten Anlegerinnen laut einer aktuellen Studie der Direkt Anlage Bank im Durchschnitt eine Rendite von 18 Prozent, während Männer nur 14 Prozent Rendite erzielen konnten. Bei der Studie ging es vor allem darum herauszufinden, ob männliche Anleger oder weibliche Anleger Gelder an der Börse gewinnbringender investieren. Zur Analyse des Anlageverhaltens wurden 465000 Depots von männlichen und weiblichen Privatkunden ausgewertet. Der Unterschied ist laut der Studie eindeutig: Frauen gehen sicherheitsorientierter an das Thema «Geldanlage» heran. Männer sind offener für risikobehaftete Anlagen. Frauen investieren ihr Geld häufig in Anleihen und erzielen so auf Dauer mehr Gewinn.

Das Sicherheitsdenken scheint offenbar eine gute Strategie – sei es intuitiv oder rational begründet.

Weibliche Intuition zielt auch im Alltag offenbar mehr auf Erhalt und Vorsicht als die männliche. Weibliche Intuition folgt dem Grundsatz von «Safety first». Männliche Intuition lässt sich als mutiger und risikobereiter beschreiben, im Sinne von «No risk, no fun!».

Eine Alltagsgeschichte bestätigt das Klischee

Ein männlicher Coachee berichtet von einem Motorradunfall. Er fuhr und seine Freundin saß hinter ihm. (Gleich vorweg: Beiden geht es wieder gut.) Zum Unfall kam es so: Gerd fährt auf einen Kreisverkehr zu. Er sieht, dass er mit Vorfahrt in den Kreisverkehr einbiegen kann. Unbewusst beziehungsweise ohne nennenswerte Aufmerksamkeit nimmt er ein Auto wahr, das sich rechts von ihm ebenfalls dem Kreisverkehr nähert. Vera, seine Freundin, nimmt dieses Auto auch wahr, ohne diese Wahrnehmung bewusst zu werten.

Gerd und Vera treffen jeweils für sich eine unbewusste Entscheidung, die ganz unterschiedlich ausfällt.

Gerd biegt in den Kreisverkehr ein und beschleunigt. Seine Intuition hat ihm in gewisser Weise ein «Vorfahrtsgefühl» gesendet. Sein Gedanke «Der andere wird mich schon sehen» bestätigt dieses Gefühl. Vera hingegen hat eine andere Intuition: Ihr Bauch hat ihr eindeutig «Bremsen!» gesendet. Wäre sie Fahrerin, würde sie bremsen!

Tatsächlich missachtet der Autofahrer die Vorfahrt und biegt ebenfalls in den Kreisverkehr ein, denn er hat das Motorrad gar nicht wahrgenommen. Es kommt zum Zusammenstoß!

Die Anwälte und die Versicherungen sind sich einig: Der Autofahrer hatte Schuld. Gerd hatte recht – aber auch diverse Prellungen.

Natürlich gibt es auch Frauen, die Riskantes wagen. Und es gibt ebenso vorsichtige Männer. Auch ohne fundierte wissenschaftliche Beweise für eine sicherheitsorientierte weibliche Intuition vorlegen zu können, treffe ich doch die Aussage: Frauen handeln in der Regel intuitiv vorsichtiger als Männer! (Ausnahmen bestätigen diese Regel.) Das kann ein Vorteil sein, jedoch auch eindeutig ein Nachteil – besonders im Berufsleben. Die Entscheidungen, die zu einem «Happy End» führen, entstehen wahrscheinlich aus einem Mix aus Vorsicht und Risikofreude. Also wäre es am besten, man könnte weibliche und männliche Intuition miteinander kombinieren.

Wie schätzen Sie sich ein, tendenziell eher risikofreudig oder eher vorsichtig?

Mit Intuition Zielen auf die Spur kommen

Nutzen Sie Ihre Intuition, um Ihre Ziele zu identifizieren und ins Visier zu nehmen. Beginnen Sie mit einer «Sortierung» Ihrer Bauchgefühle zu den wichtigsten privaten und beruflichen Bereichen. Denken Sie dabei an das Bild Ihres Netzes aus dem ersten Kapitel. Die fünf wichtigen Fixpunkte rücken dabei jetzt nacheinander in den Fokus.

Körper und Psyche

Dieser Bereich befasst sich mit den möglichen Auswirkungen Ihrer Alltagsgestaltung auf Ihre körperliche und psychische Gesundheit. Dabei geht es um einen Check Ihrer Lebensweise, Ihrer Denk- und Verhaltensmuster und Ihrer Glaubenssätze. Innere Glaubenssätze beeinflussen Ihre Gefühle. Es gibt positive, förderliche Glaubenssätze wie zum Beispiel «Ich kann, was ich will!» oder negative, hinderliche, wie beispielsweise «Das werde ich nie schaffen!». Diese Glaubenssätze ziehen bestimmte Denkmuster nach sich und beeinflussen Ihre Gefühlslage und Ihre Handlungspläne gewaltig.

Familie und Partnerschaft

Familie und Partnerschaft sind von ganz grundlegender Bedeutung für die eigene Zufriedenheit und für das persönliche Glück. In diesem Bereich liegt «normalerweise» eine Menge Konfliktpotenzial, und wir sind unter Umständen den ein oder anderen Kompromiss eingegangen. Andererseits versorgen uns die Menschen, die uns so nahe stehen – wenn es gut geht – mit menschlicher Nähe und Wärme.

Soziale Beziehungen

Unter diesem zusammenfassenden Begriff sind Ihre gesamten Netzwerke gemeint. In ein Netz von sozialen Beziehungen eingebunden zu sein beschert uns ein behagliches Gefühl. Beziehungen, die uns Stress verursachen, können sehr belastend sein und uns viel Kraft kosten. Beziehungen, die uns freundschaftlichen Austausch und auch Unterstützung liefern, geben uns Rückhalt und spenden uns Kraft. Machen Sie sich einmal eine bildliche Vorstellung von den verschiedenen Netzen, in die Sie eingebunden sind!

Beruf und Karriere

In diesem Bereich wird das berufliche Spektrum beleuchtet. Es geht um Ihre Karriere und vor allem um Ihre beruflichen Herausforderrungen. Die wichtigste Frage ist dabei, ob Sie sich Ihrer Stärken bewusst sind und diese auch bewusst einsetzen.

Finanzen

Die finanzielle Absicherung ist ein existenzielles Thema, das von Frauen häufig unterschätzt wird. Es lohnt sich, sich einen Überblick über die finanzielle Situation und über die finanzielle Zukunftsperspektive zu verschaffen. Das Glück hängt sicher nicht von finanziellem Reichtum ab, aber jeder braucht eine

gewisse Menge Geld, um seine alltäglichen Bedürfnisse befriedigen zu können. Zu dem Thema gehört auch die Absicherung von Risiken wie Krankheit und Berufsunfähigkeit und die Altersvorsorge.
Ihre Intuition wird Ihnen zu allen Bereichen eine grobe Richtung in Form von spontanen Veränderungswünschen, Ideen und Zielen angeben. Auf diese Weise richten Sie Ihre Aufmerksamkeit auf schon bewusste und bisher noch nicht bewusste Ziele. Durch die Auseinandersetzung mit den fünf Bereichen kommen Sie Ihren Motiven und Wünschen mit Leichtigkeit auf die Spur.

Wie man intuitiv die Richtung erkennen kann, in die es gehen sollte, veranschaulicht folgender Ausschnitt aus einem Coachingprozess. Versuchen Sie dabei einmal selbst herauszufinden, bei welchen der fünf Lebensbereiche des Netzes wohl eine niedrige Bewertung vorliegt. Wo vermuten Sie Herausforderungen und Möglichkeiten zur Veränderung?

Ist das normal?

Katja Klein ist eine 39-jährige Personalreferentin in einem mittelständischen Unternehmen. Sie beschrieb mir ihre Wahrnehmung von Alltag und Beruf folgendermaßen: «Ich habe das Gefühl, im Alltag zu ertrinken. Die Zeit verstreicht und vieles ist ohne Bedeutung.» Ihr Vorgesetzter hatte ihr ein Coaching zu ihrem Führungsverhalten empfohlen, und sie hat sich überzeugen lassen.

Öffnen Sie den Vorhang und sehen Sie Frau Klein im Büro:

Katja Klein lehnt sich zurück. Sie denkt, eine kleine Pause habe sie sich jetzt redlich verdient. Maja Busse, ihre Assistentin, tritt zögerlich an ihren Schreibtisch heran und sagt: «Katja, du hast mir doch gesagt, ich solle aus den zwanzig Bewerbungen die besten fünf heraussuchen. Also, ich finde die alle recht gut, willst du selbst noch mal einen Blick darauf werfen?»

Katja hatte eine klare Aufgabe mit eindeutigen Kriterien gestellt und ärgert sich. Sie denkt: «Es können nicht zwanzig Bewerber so gut sein, dass ich sie alle anschauen muss.» Bekannte Gedanken machen sich in ihrem Kopf breit: «Ich muss alles selbst machen! Warum ist Maja so unfähig und faul? Mehr als zehn Stunden arbeite ich täglich hier und keiner dankt es mir – keiner! Im Gegenteil. Heißt es doch hinter meinem Rücken: Die Klein ist eine große Zicke. Irgendwie nervt mich das alles. Aber Arbeit ist ja bekanntlich kein Zuckerschlecken.» Katja nimmt Maja die Unterlagen ab und nimmt sich die erste Bewerbung vor …

Was passiert hier? Katja bewertet ihr Unbehagen als ganz «normalen» Stress im Job und im Team. «Ist doch alles ganz normal», denkt sie. Fühlen tut sie aber etwas ganz anderes. Sie wünscht sich, wenn auch noch nicht bewusst, eine bessere Atmosphäre und eine höhere Akzeptanz als Führungskraft. Sie hat sich in gewisser Weise mit dem Status quo abgefunden, aber zufrieden ist sie damit nicht. Ihr Verhalten und ihre Gefühle stimmen – und das ist hier besonders auffallend – nicht überein. Im Coaching wird deutlich, dass sich diese Art von Dissonanz auch in Katjas Alltag «eingerichtet» hat.

Öffnen Sie dazu noch einmal den Vorhang, diesmal bei Katja zu Hause:

Katja zappt sich durchs Fernsehprogramm. Sie findet alles irgendwie langweilig, aber sie schaltet nicht ab. Eigentlich wollte sie heute mit ihrer Mutter telefonieren, aber sie rafft sich nicht auf, sondern denkt: «Später vielleicht!» Ein wenig später reißt sie das Klingeln des Telefons vorübergehend aus dem Dämmerzustand. Aber die Stimme ihrer Assistentin rüttelt sie nicht wirklich wach. Katja fühlt sich wie auf Sparflamme gestellt. Die Assistentin fragt, ob Katja sauer sei. Katja richtet sich auf. Sie hört Majas Worte, und der Gedanke «Was will die denn jetzt? Selbst zu Hause habe ich nicht meine Ruhe» drängt sich ihr auf. Sie sagt aber: «Ach, Maja, es ist alles in Ordnung!» Katja legt auf und fühlt sich leer und unverstanden.

Gemeinsam arbeiteten wir im Coaching an einer Analyse und Weiterentwicklung von Katjas Verhalten. Mir war wichtig, dass sie die Ambivalenzen erkennen konnte.

Die Wahrscheinlichkeit, dass Katja und Maja in nächster Zukunft eine produktive und angenehme Arbeitsatmosphäre haben würden, schätzten wir als äußerst unwahrscheinlich ein. Katja hatte noch nicht erkannt, dass sie etwas ändern kann. Sogar ändern muss, um ihrer Rolle als Führungskraft gerecht zu werden. Für Katja war es wichtig, das eigene Verhalten beruflich und privat kritisch zu überprüfen, vor allem, weil sie sich ihrer zugrunde liegenden Motive erst allmählich bewusst wurde.

Die Prioritäten, die Katja spontan mit der Übung «Wireless-LAN»-Verbindung zum Bauch fand, formulierte sie folgendermaßen:

- Echte Entspannung und mehr Freizeit. (Ziel: wesentlich weniger als zehn Stunden tägliche Arbeitszeit.)
- Eine konstruktive Zusammenarbeit im Job. (Ziel: dringende Aussprache mit Maja und eine Fortsetzung des Führungscoachings.)
- Die Anschaffung eines Hundes. (Dieser Punkt war ein völlig unerwarteter Gedanke.)

Sie lachte, als sie die drei Prioritäten unaufgefordert mehrmals wiederholte. Zudem entwickelten wir im Coaching geeignete Problemlösungs- und Umsetzungsstrategien. Das Herzstück, so bezeichnete es Katja, war die Arbeit an ihrer persönlichen Standortbestimmung mit Hilfe des Netzes.

Wie viel Coach steckt in Ihnen? Welche Lebensbereiche wurden wohl zum Thema während des gesamten Coachingprozesses? Richtig: Bei Katja wurden die Bereiche Körper und Psyche, soziale Beziehungen und Beruf und Karriere zum Thema.

Gemäß dem Thekla-Prinzip erarbeitete Katja sich folgende individuelle Gedächtnisstütze:

- treffsicher → «Ich werde deutlich delegieren.»
- humorvoll → «Auch eine Ziege macht mal ‹mäh›!»
- emotional → «Ich höre auf die Signale aus dem Bauch – mäh.»
- klug → «Mein authentisches Verhalten schafft Freiräume.»
- lösungsorientiert → «Die Arbeitsatmosphäre wird sich verbessern.»
- authentisch → «Ich habe auch eine Führungsrolle!»

Bei diesen Formulierung konnte sie lachen wie schon lange nicht mehr.

Was ist für Sie das Wesentliche?

Natürlich ist das Vertrauen auf die Intuition allein nicht immer am Platze. Wenn Sie wie Katja im Fallbeispiel im Beruf unglücklich sind und sich jeden Morgen regelrecht zur Arbeit zwingen müssen, könnte Ihre Intuition Sie auch veranlassen, alles stehen und liegen zu lassen. Das wäre jedoch keine lösungsorientierte Handlung im produktiven Sinne. Vielmehr soll die intuitive Auseinandersetzung mit den fünf Lebensbereichen den Blick für das Wesentliche schärfen.

Was genau für Sie das Wesentliche ausmacht, ist natürlich sehr individuell. Trotz aller Unterschiede gibt es doch Gemeinsamkeiten bei allen Menschen. Zum Wesentlichen gehören in der Regel:

- geistige und körperliche Balance
- ein sicheres privates Netzwerk und Familie
- realistische Ziele und Erwartungen
- positive Gedanken und Gelassenheit
- Gleichgewicht zwischen Arbeit und Freizeit

Wie ist das bei Ihnen? Falls Sie hinter all diese Punkte einen Haken machen können, ist die Wahrscheinlichkeit hoch, dass Sie im Moment Ihr Leben als sinnvoll und zufrieden erleben. Wenn nicht, können Sie mit Hilfe der richtigen Fragen, an die ich Sie im nächsten Kapitel heranführe, die Defizite in den betreffenden Bereichen aufdecken.

«Wireless-LAN» zum Bauch – Übung 3

Welchen drei intuitiven Impulsen werden Sie diesen Monat folgen?

1. ______________________________

2. ______________________________

3. ______________________________

4 Warum die richtigen Fragen wichtiger sind als die richtigen Antworten

Es gehört oft mehr Mut dazu, seine Meinung zu ändern, als ihr treu zu bleiben.

Friedrich Hebbel

Es ist lohnend, sich ab und zu bestimmten Fragen zu stellen. Manchmal genügt es schon, kleine Dinge zu verändern und so an den Stellschrauben des eigenen Lebens zu drehen. Wissen Sie genau, was Ihnen gut tut und was nicht? Reflektieren Sie einmal Ihre Gewohnheiten im privaten und beruflichen Bereich. Durch die Reflexion können Sie viel bewusster die Verantwortung für die eigene Karriere und für Ihr Glück übernehmen. Das Gute ist: Die richtigen Fragen bringen immer auch schon Lösungsideen mit sich.

Vieles haben Sie selbst in der Hand: Sie entscheiden, wie Sie Ihre Zeit verbringen, mit wem Sie zusammen sind und für wen oder was Sie Energie aufwenden. Sie haben die Wahl, wie Sie unglückliche Umstände in Ihrem Leben betrachten wollen, ob Sie sie als Fluch, als etwas Normales oder als Chance begreifen. Sie wählen außerdem Ihre Worte und Ihren Tonfall, wenn Sie mit anderen sprechen. Das entscheidet oft über Ihren Erfolg, vor allem, wenn es sich in wichtigen Gesprächen – wie mit Vorgesetzten – um Ihre Ziele dreht. Und vor allem wählen Sie ganz allein Ihre Gedanken!

In diesem Kapitel wird Ihr Blick für die fünf wesentlichen Lebensbereiche des Orientierungsnetzes aus Kapitel 1 durch konkrete

Beispiele aus Coachingprozessen geschärft. Machen Sie sich Ihr eigenes Bild zu den beschriebenen Situationen und trainieren Sie Ihre Neugier durch eigene Fragen zu den Sequenzen. Ganz beiläufig üben Sie Ihre Coachingkompetenz in Bezug auf sich selbst. Durch dieses Selbstcoaching finden Sie Ihren Weg zu den eigenen Schlüsselthemen. Zu jedem Bereich gäbe es unzählige treffende Beispiele. Die hier ausgewählten geben nur eine Idee davon, worum es gehen kann. Aber sie weisen möglicherweise auf Ihre eigenen Stellschrauben zur Veränderung. Dabei geht es um eine intuitive Annäherung an Ihre Ziele und ein intuitives Überprüfen des Lebensplans.

Fünf Anker halten das Netz

Eine Standortbestimmung der besonderen Art verbirgt sich hinter den drei Fragen zu jedem der fünf Bereiche. Eine Bitte: Antworten Sie ohne ausweichende Formulierungen wie etwa «normal», «ganz in Ordnung» oder «na ja». Geben Sie klare und ehrliche Antworten und halten Sie es einfach: Ja oder Nein! Vielleicht erkennen Sie schon wertvolle Ansatzpunkte für mögliche Ziele. Ein Check-up lohnt sich!

1. Körper und Psyche
- Führen Sie einen Lebensstil, der Ihrem Gemüt und Körper gut tut?
- Fühlen Sie sich gestresst?
- Sind Sie mit Ihrem Aussehen/Stil/Outfit/Auftreten zufrieden?

2. Familie und Partnerschaft
- Fühlen Sie genug Liebe und Leidenschaft in Ihrer Partnerschaft?
- Stimmen Sie die Gedanken an Ihre Familie positiv?
- Wissen Sie, welche familiären Werte Ihnen wichtig sind?

3. Soziale Beziehungen
- Pflegen Sie Ihre Freundschaften?
- Haben Sie ein privates Netzwerk?
- Fühlen Sie sich anerkannt und geschätzt?

4. Beruf und Karriere
- Setzen Sie Ihre beruflichen Stärken gezielt ein?
- Wollen Sie sich beruflich weiterentwickeln oder verändern?
- Fühlen Sie sich motiviert?

5. Finanzielle Absicherung
- Sind Sie in der Lage ihre Finanzen selbst zu managen?
- Haben Sie finanzielle Nöte?
- Betreiben Sie eine ausreichende Altersvorsorge?

Im Zusammenhang mit den Coachingbeispielen werden wir erneut auf diese Fragen zurückkommen, und Sie können sich weiter mit Ihren Antworten beschäftigen.
Um schon jetzt einen Hinweis auf Ihre Prioritäten zu bekommen, wählen Sie in Entsprechung zum Experiment «Wireless-LAN» zum Bauch ganz spontan Ihre ersten drei Ziele mit der höchsten Priorität aus.

Um in Ihrem persönlichen Orientierungssystem, in Ihrem Netz, Werte einzutragen, betrachten Sie Ihre Antworten in der Gesamtheit und legen Sie ganz intuitiv einen Wert für jeden Bereich fest.

Zur Erinnerung: Der Mittelpunkt des Netzes ist als unterster Wert mit null belegt. Bei einer Bewertung mit null warten die meisten Herausforderungen auf Sie. Die Punkte am äußersten Rand des Netzes haben den Wert zehn. Je höher Sie die einzelnen Bereiche intuitiv bewerten, desto größer ist Ihre Zufriedenheit. Und umgekehrt, je niedriger der von Ihnen gewählte Wert ist, desto mehr Handlungsbedarf erkennen Sie in dem betreffenden Bereich.

> *Lang ist der Weg durch Lehren,*
> *kurz und wirksam durch Beispiele.*
>
> Seneca

In den folgenden Coachingbeispielen werden jeweils Themen angesprochen, die sich dem betreffenden Lebensbereich zuordnen lassen. Diese Trennung nach Bereichen gibt es natürlich im wahren Leben nicht, wir haben es immer mit Verflechtungen zu tun. Die Bereiche werden hier sozusagen künstlich separiert, das soll den Blick für mögliche eigene Themen schärfen. Es geht um das Erkennen der eigenen intuitiven Richtung.

1. Körper und Psyche

Die drei Fragen: Führen Sie einen Lebensstil, der Ihrem Gemüt und Körper gut tut? Fühlen Sie sich gestresst? Sind Sie mit Ihrem Aussehen/Stil/Outfit/Auftreten zufrieden?

Ein Coachingbeispiel: Esther Jensen – Situationen neu bewerten
Esther Jensen hört das Hörbuch «Der Schwarm» in diesem Monat schon zum dritten Mal und spricht synchron mit. Sie denkt: «Erstaunlich, wie ich mir solche Dinge so hundertprozentig merken kann. Jeden Tag fahre ich eine Stunde hin zur Arbeit und abends eine Stunde zurück. Immer diese idiotischen Autofahrer. Das erste Gebot auf Hamburgs Straßen könnte lauten: Lasse niemanden rein!» Noch zwanzig Minuten. Sie grübelt: «Der Schokoriegel sollte eigentlich für Hannah sein. Aber Hannah hat im Kindergarten zu Mittag gegessen. Ich hatte nur sechs Tassen Kaffee! Diese doofe Ampel ist immer rot.» Der Schokoriegel ist durch die Sitzheizung matschig geworden, aber

dennoch verführerisch. Das Bauchgefühl flüstert ihr zu: «Ich müsste mich mal besser ernähren, die Beine werden auch nicht dünner.» Der Blick in den Kosmetikspiegel trifft auf traurige Augen. Sie sagt leise vor sich hin: «Noch eine Viertelstunde ‹waste of time›» und beißt mit schlechtem Gewissen in den Riegel.

Ich frage Sie: Ist eine tägliche Ration solcher Gedanken, Selbstgespräche und Gefühle auf Dauer gut für die Gesundheit? Und entschuldige mich gleichzeitig für diese dumme Frage. Jetzt mal ernsthaft: Ist es eigentlich unabänderliches Schicksal, ob wir in solchen Situationen Gelassenheit oder Frust empfinden, oder haben wir eine Art Steuer für unsere Gefühle in der Hand? Das Steuer gibt es schon, aber es ist nicht immer leicht, den Kurs auf Gelassenheit zu halten.

Trübe Gedanken ziehen trübe Gedanken an

Trübe Gedanken wirken wie ein Magnet. Je häufiger Sie eine ähnliche Situation als frustrierend erleben, desto deutlicher fühlen Sie sich von den trüben Gedanken angezogen. Um sich dieser magnetischen Wirkung zu entziehen, ist es ganz wichtig, zunächst einmal zu erkennen, dass es sich um eine subjektive Bewertung der Situation handelt. Will sagen: Ihr Empfinden hängt ausschließlich von Ihrer Bewertung der Situation ab. Bewerten Sie eine Situation negativ (im Beispiel: Die Autofahrt ist Zeitverschwendung), stellen sich negative Gefühle ein (hier: das Gefühl, der Situation ausgeliefert zu sein). In der Folge konzentriert sich die Wahrnehmung auf das Negative. Wenn eine Situation wiederkehrt und immer wieder negativ bewertet wird, tritt eine Art Lerneffekt ein. Neurobiologisch bedeutet die ständige Wiederholung von negativen Denkmustern die Verfestigung von negativen Gefühlsreaktionen.

Wenn Sie, wie im ersten Kapitel beschrieben, durch Wiederholung Ihre Neugier trainieren können, dann können Sie leider ebenso negative Denkmuster «trainieren». Sie werden immer «besser» im Negativ-Denken und spinnen damit sozusagen ein Netz negativer Gefühle. Die Alternative: Sie reißen das Steuer herum und richten Ihre Aufmerksamkeit auf das Positive.

Was meinen Sie: Hat Esther auf den stundenlangen Autofahrten nun tatsächlich eine Möglichkeit, sich besser zu fühlen? Ich sage: Ja! Doch bevor sie andere Sichtweisen für sich entdecken kann, müsste sie vom «leidvollen Hinnehmen» zum «puren Wahrnehmen» kommen, zunächst einmal die Tatsachen sehen, ohne sie überhaupt zu werten. Sie hat morgens und abends eine Stunde Autofahrt auf vollen Straßen zu bewältigen. Im nächsten Schritt geht es darum, das bisher als «negativ» Empfundene umzuwandeln.

Ein realistisches Ziel für zukünftige Fahrten wäre der Versuch, die Gedanken bewusst in eine positive Richtung zu lenken, positive Gedanken zu trainieren. Eine mögliche Frage wäre: Wie ließe sich die Zeit der Autofahrten sinnvoll nutzen? Sollte Ihnen bei dem Stichwort «positive Gedanken» so etwas wie «Keep smiling» oder «Think positive» in den Sinn gekommen sein, kann ich Ihnen versichern: Darum geht es nicht. Es geht um das Erkennen von ungesunden Denkmustern. Sind diese erkannt, sind sie schon nicht mehr ganz so destruktiv. Und es geht um die Kehrtwende in eine andere Denkrichtung, eine, die uns gut tut und uns weiterbringt.

Die Kraft positiver Gedanken
Viktor E. Frankl, ein aus Österreich stammender jüdischer Psychiater überlebte während des Nationalsozialismus vier Konzentrationslager. Angetrieben von diesen unmenschlichen Erfahrungen, setzte sich Frankl intensiv mit der Sinnfindung und positiven Gedanken auseinander. Er beobachtete, dass KZ-Häftlinge, die trotz ihrer erdrückenden Lage den Lebensmut

bewahrten, eher überlebten als diejenigen, die den Glauben an ein sinnvolles Dasein verloren hatten. Dieses extreme Beispiel lässt die Kraft positiver Gedanken erahnen.

Negative Gedanken und Gefühle lassen sich nicht mal eben so durch positive ersetzen. Positives Denken funktioniert nicht wie ein Rezept, es kann nicht verordnet werden. Aber das Erkennen der negativen Gedankenmuster und die Einsicht in deren Schädlichkeit ist der Anfang. Das Entwickeln und Üben alternativer Gedanken ist der Weg. Ein hohes Maß an Gelassenheit und Zufriedenheit ist das Ziel.

Neuausrichtung mit Thekla

Gewohnte Denkmuster zu überwinden ist Esthers Ziel. Ihre persönliche Gedächtnisstütze nach dem Thekla-Prinzip formulierte sie so:

- treffsicher →«Ich lerne Italienisch während der Fahrt.»
- humorvoll →«Der Schokoriegel fliegt auf den Rücksitz.»
- emotional →«La dolce vita auf einer Postkarte im Auto.»
- klug →«Ich fülle die ‹sinnlose› Zeit mit Weiterbildung.»
- lösungsorientiert →«Ich werde immer gelassener und lerne.»
- authentisch → «Ich mag meinen Job und das Italienischlernen.»

Esther Jensen gab dem Bereich Körper und Psyche in ihrem Orientierungssystem den gefühlten Wert drei. Innerhalb der nächsten zwei Wochen will sie den Wert fünf erreichen.

Esthers Zielsetzung ist, die eigenen Gedanken zu kontrollieren, statt von ihnen beherrscht zu werden. Diese Neuausrichtung ist ein vielversprechender Weg, um sich von negativen Gedanken zu lösen.

Das Beispiel von Esther Jensen beleuchtet nur einen Bruchteil von möglichen Zielen, die sich im Bereich Körper und Psyche verbergen können. Negative Gedankenmuster, einschränkende Glaubenssätze, zu hoch gesteckte Ziele, ein geringes Selbstwertgefühl, zu wenig

Bewegung, ein schlechtes Körpergefühl, Trägheit, Langeweile, Krankheit, ein schmerzlicher Verlust sind weitere Themen, die mir in meiner Beratungspraxis mit dem Wunsch, etwas zu verändern und Ziele zu definieren, genannt werden. Dabei handelt es sich durchweg um Anliegen, bei denen die gecoachte Person von sich aus ein neues Verhalten lernen oder ihre innere Einstellung zu bestimmten Thema ändern möchte.

2. Familie und Partnerschaft

Die drei Fragen: Fühlen Sie genug Liebe und Leidenschaft in Ihrer Partnerschaft? Stimmen Sie die Gedanken an Ihre Familie positiv? Wissen Sie, welche familiären Werte Ihnen wichtig sind?

Ein Coachingbeispiel: Stefanie Hocks – Unausgesprochenes aussprechen

Stefanie Hocks feiert ihren 39. Geburtstag. «Gott sei Dank ist noch die Drei vorne», denkt sie. Stefan, ihr Mann, überrascht sie mit einem Konzept zur gemeinsamen Selbstständigkeit, als eine Art Geburtstagsgeschenk. Er hat endlich ein schönes Ladenlokal gefunden, das zu seiner Geschäftsidee «Eine Küche zum Mieten» passen könnte. Eine professionelle Küche mit Sitzgelegenheiten, die für feierliche Anlässe gemietet werden kann. Dieses Konzept haben die beiden schon länger im Sinn. Für Stefanie ist dies eine witzige Idee oder besser gesagt: eine Art Hirngespinst. Für Stefan, der mit 42 Jahren den Schritt in die Selbstständigkeit endlich wagen will, ist es ein lang gehegter Traum. Stefanie ist erschrocken: «Stefan macht jetzt also ernst. Gemeinsam selbstständig sein! Damit wäre das Thema Kinderwunsch endgültig erledigt. Stefan hat sich dazu nie richtig geäußert. Wir haben vieles einfach laufen lassen. Es stehen etliche unausgesprochene Themen zwischen uns. Auf dieser Basis dieser Schritt?» Stefanie lächelt Stefan tapfer an und sagt: «Ich glaube, wir müssen gemeinsam in Ruhe darüber sprechen.» Stefan glaubt, seine Frau zu kennen, und ist überzeugt: «Sie wird sich schon noch freuen. Sie freut sich ja nie so spontan. Das ist doch ganz normal!»

Welche Antworten oder besser noch Fragen fallen Ihnen zu dieser Situation ein?

Unausgesprochenes, Missverständnisse, Zugeständnisse und Kompromisse – das alles ist ganz «normal» in einer Beziehung, und doch kann ein Zuviel davon zum Bumerang werden. Es hilft nicht, sich einzureden, dass eigentlich alles ganz normal sei. Die Begriffe «eigentlich» und «normal» deuten selten auf positive Zustände hin, sondern weisen eher auf eine mangelnde Fähigkeit hin, Dinge mit bewusster Aufmerksamkeit zu betrachten.

Wir automatisieren unsere Wahrnehmung. Auch in der Partnerschaft: Je länger Sie mit Ihrem Partner zusammen sind, desto weniger genau ist vermutlich Ihre Wahrnehmung für ihn. Da passiert es leicht, dass sich Verhaltenweisen einschleichen, die für eine Beziehung kontraproduktiv sind. Störendes Verhalten des einen oder anderen wird zudem von beiden oft als völlig «normal» abgetan, statt sich damit auseinanderzusetzen. Viel zu selten sprechen die Partner das an, was ihnen auf dem Herzen liegt. Viel zu selten suchen sie im konstruktiven Gespräch Klärung und Problemlösungen.

Neuausrichtung mit Thekla

Stefanie entdeckt für sich das Ziel, in ihrer Partnerschaft alles sagen zu können, was sie bewegt. Ihre Sätze nach dem Thekla-Prinzip, die das Ziel konkreter und greifbarer machen und mit der nötigen Prise Emotionalität versehen, formuliert sie so:

- treffsicher → «Jetzt noch nicht dieser Schritt!» (Mietküche)
- humorvoll → «Ich sehe fliegende Eier in der Küche.»
- emotional → «Ich bewege die Kinderfrage im Herzen.»
- klug → «Ich suche heute noch eine klare Aussprache.»

- lösungsorientiert → «Ich lege meine eigene Überzeugung und mein Ziel dar.»
- authentisch → «Ich riskiere auch einen Streit.»

Am Anfang bewertete Stefanie den Bereich Familie und Partnerschaft in ihrem persönlichen Orientierungssystem schweren Herzens mit einem für sie erschreckend niedrigen Wert von zwei. Ihr erklärter Wunsch ist es, gemeinsam mit ihrem Mann die Kommunikation in der Beziehung zu reflektieren. Den Wert des wichtigen Bereichs Familie und Partnerschaft will sie deutlich heben.

Stefanie will sich nicht länger einreden, dass ihre Gefühle völlig «normal» seien, und sie will nicht länger darüber hinweggehen. Ihr Ziel ist, zum unguten Bauchgefühl zu stehen und darüber zu reden. Im Coaching bereitet sie das Gespräch mit ihrem Mann gründlich vor. Vor allem will sie haargenau ihre Erwartungen mitteilen.

Auch dieses Beispiel beleuchtet nur einen kleinen, wenn auch wichtigen Teil der Themen, die im Bereich Familie und Partnerschaft eine Rolle spielen können. In der Beratungspraxis entstehen aus folgenden weiteren Themen hier häufig Veränderungswünsche: Trennung, Tod, Machtkampf, Entfremdung, Kommunikationsstörungen, fehlendes Vertrauen, fehlende Konfliktfähigkeit.

3. Soziale Beziehungen

Die drei Fragen: Pflegen Sie Ihre Freundschaften? Haben Sie ein privates Netzwerk? Fühlen Sie sich anerkannt und geschätzt?

Ein Coachingbeispiel: Bettina Kruse – Energieräuber erkennen

Bettina Kruse ist total organisiert. Bei ihr ist immer alles ordentlich. Alle Termine sind im Kopf und in diversen Kalendern gesichert. Ihre Halbtagsstelle als Zahnärztin macht ihr Spaß und ist abwechslungsreich. Ihr Freundeskreis ist groß. Sehr groß. Alle Wochentage und besonders die Wochenenden sind voll verplant. Sie will Freundschaften pflegen, fühlt sich dadurch jedoch zunehmend fremdbestimmt. Irgendwie freut sie sich nicht mehr wirklich auf die vielen Verabredungen, sondern empfindet sie eher als eine Art Verpflichtung. Sie ist der Meinung: «Das ist halt so, wenn man viele Freunde hat.»

Ein privates Netzwerk ist ein sehr wichtiger Faktor für Zufriedenheit. Aber nicht die Masse an Freunden zählt, sondern die Qualität der Beziehungen. Ein zu großer Freundeskreis ist häufig eher eine Belastung. Besonders, wenn die Ansprüche der Freunde mit den eigenen Ansprüchen in Konkurrenz treten. Freizeitstress entsteht. Termine und Aktivitäten in der arbeitsfreien Zeit werden als kräftezehrend empfunden, obwohl sie eigentlich für Ausgleich und Wohlbefinden sorgen sollten.

Bettina nimmt unterbewusst wahr, dass ihre Art, Freundschaften zu pflegen, für sie mit Stress verbunden ist. Sie unterdrückt dieses Unbehagen und entscheidet mit dem Verstand, so weiterzumachen. «Freundschaften pflegen» hat für sie einen so großen Wert, dass sie dem Widerspruch zwischen Kopf und Bauch keine Beachtung schenkt. Anderen gefallen und dabei sein ist das Motto.

Energieräuber identifizieren

Stecken Sie nicht zu viel Energie in Freundschaften, die Ihnen Energie rauben.

Aus Pflichtgefühl lohnt es sich meist nicht, eine Freundschaft zu pflegen.

Zu viele solcher «Verpflichtungen» rauben Ihnen wertvolle Zeit für wichtige tiefe Freundschaften.

Finden Sie heraus, wer in Ihrem Freundeskreis ein Energieräuber ist und wer Ihnen wirklich gut tut:

Nach einem Treffen werten Sie auf einer Skala von null bis zehn Ihr Empfinden. Sind Sie gut drauf und aufgeladen mit positiver Energie, geben Sie den Wert zehn. Fühlen Sie sich nach einer

Verabredung müde, oder genervt, geben Sie null Punkte. Natürlich gibt es, wie Sie es im Thekla-Netz schon kennengelernt haben, unterschiedliche Abstufungen.
Nach einigen Treffen können Sie die Qualität und den Sinn Ihrer Freundschaften «errechnen». Mit dieser Skala können Sie Ihrer Intuition durch messbare Zahlen auf die Sprünge helfen (obwohl die Bewertung natürlich ganz intuitiv erfolgt).

Neuausrichtung mit Thekla
Bettina entdeckt für sich das Ziel, ihre Energieräuber aufzuspüren, um mehr Zeit und Ruhe für sich zu gewinnen. Ihre hilfreichen Sätze nach dem Thekla-Prinzip formuliert sie so:

- treffsicher → «Dieses Wochenende gehört mir.»
- humorvoll → «Mit wem kann ich eigentlich lachen?»
- emotional → «Wer liegt mir wirklich am Herzen?»
- klug → «Viel hilft nicht immer viel.»
- lösungsorientiert → «Die guten Freundschaften will ich pflegen.»
- authentisch → «Ich kann auch allein sein.»

Bettina bewertete den Bereich soziale Beziehungen anfangs mit dem Wert fünf. Nach zwei Monaten will sie noch einmal auf ihre Intuition hören. Sie wünscht sich eine Steigerung auf den Wert sieben und verbindet damit mehr Freiraum für sich selbst.

Dieser Ausschnitt behandelt ein Thema aus vielen, die im Bereich Soziale Beziehungen anzutreffen sind. Weitere Themen aus diesem Bereich, die in meiner Beratungspraxis immer wieder Gegenstand des Coachings sind und den Wunsch nach Veränderung hervorrufen: Misstrauen, fehlende Stabilität, Unehrlichkeit, sich verstellen müssen, fehlender Halt und fehlende Vernetzung.

4. Beruf und Karriere

Die drei Fragen: Setzen Sie Ihre beruflichen Stärken gezielt ein? Wollen Sie sich beruflich weiterentwickeln oder verändern? Fühlen Sie sich motiviert?

Hand aufs Herz! Besonders die erste Frage ist gar nicht so einfach zu beantworten, oder? Diese Frage setzt nämlich voraus, dass Sie Ihre beruflichen Stärken genau kennen. In einer aktuellen Studie der Bertelsmann Stiftung zum Thema «Glück, Freude, Wohlempfinden – Welche Rolle spielt das Lernen?» wird die Gruppe der Beamten als glücklichste Gruppe der Erwerbstätigen beschrieben. Warum? Die Sicherheit des Arbeitsplatzes und das damit einhergehende Gefühl von finanzieller Absicherung bieten einen guten Nährboden für das Glücksempfinden. Umgekehrt ist die Angst vor Arbeitsplatzverlust und Armut eine Quelle des Unglücklichseins.

Es ist kein Geheimnis, dass Frauen, besonders wenn sie Kinder haben, häufiger mit Arbeitsplatzverlust oder Phänomenen wie der «Arbeitsplatzentwertung» zu tun haben als Männer. Mussten Sie sich nach der Erziehungszeit auch mit einem Arbeitsplatz abfinden, der nicht mehr Ihren Qualifikationen entsprach?

Ein Coachingbeispiel: Sabine Joop – Eine Frage des Selbstwertgefühls

Sabine Joop ist eine hochqualifizierte PR-Mitarbeiterin. Sie hat einen kleinen Sohn und freut sich eigentlich darauf, wieder einzusteigen. Ihr Sohn Philipp steht in der Tür, Sabine Joop telefoniert mit ihrem Chef. Es geht um das Ende ihrer Elternzeit. Sabine will ab August wieder halbtags einsteigen. Philipp soll ab März in die Kindertagesstätte gehen. Oliver Gerts, Sabines Chef, sagt: «Sabine, du weißt, dass Anja Wendt jetzt deine Aufgaben übernommen hat. Sie ist jetzt total eingearbeitet, und es läuft alles reibungslos. Ich möchte da jetzt keine Unruhe. Wir haben hier einiges umstrukturiert. Das hast du sicher schon gehört. Was hältst du davon, wenn du zum Einstieg zunächst bei der Angebotserstellung aushilfst?»

Sabine ist schockiert, denn bevor sie in die Elternzeit gegangen ist, hat sie die gesamte PR-Arbeit erledigt und sehr selbstständig gearbeitet. Jetzt soll sie aushelfen? Sie antwortet unsicher: «Aha, aber Anja Wendt sollte doch nur so lange meine Aufgaben übernehmen, bis ich wieder da bin. Das finde ich jetzt ehrlich gesagt ziemlich eigenartig.»

Oliver Gerts reagiert genervt: «Ja, und wenn du wieder da bist, kommt das nächste Kind. Nee, lass mal Sabine, Anja Wendt will keine Kinder und macht deinen Job sehr gut. Für dich muss es eine Alternative geben!» Sabine kämpft mit den Tränen, ihre Stimme wird dünn. Sie denkt: «Das ist echt ungerecht von Oliver, mich jetzt so abzuschieben. Darauf hat es die Wendt doch nur angelegt, die lacht sich ins Fäustchen. Das kann alles nicht wahr sein. Die hat doch nicht einmal studiert.» Sabine ärgert sich gewaltig. Dann antwortet sie mutig: «Ich schlage vor, ich komme nächste Woche vorbei und wir besprechen alles in Ruhe.» Oliver Gerts will sie offenbar abwimmeln: «Sorry, nächste Woche sind wir alle wegen der Messe im Stress. Ehrlich gesagt, habe ich echt kaum Zeit. Melde dich noch mal im nächsten Monat. Vielleicht kann ich dir dann konkreter sagen, was du hier halbtags machen kannst. Tschüss, Sabine, und grüße den Kleinen lieb von mir und natürlich auch Sven.»

Sabine fühlt sich völlig kraftlos und beendet leise das Telefonat: «Ja, ist gut, dann melde ich mich nächsten Monat.»

Philipp mault: «Gummiiibääärchen!» Sabine holt die Tüte aus dem Schrank, stellt sie dann aber sogleich wieder energisch weg. Mit lauter, fester Stimme sagt sie zu Philipp: «Es gibt keine Gummibärchen! Du kannst einen Apfel essen!»

Wirkt das jetzt gar zu klischeehaft? Leider ist diese Situation echt und aus dem Leben gegriffen. Hier geht es um Erfolg und Misserfolg, um berufliche Perspektiven.

Was vielen Frauen auch heute noch häufig fehlt, ist eine klare Positionierung und ein selbstbewusstes Eintreten für die eigenen Interessen. Die fehlende Klarheit zeigt sich zum Beispiel deutlich bei Gehaltsverhandlungen. Männer schneiden hier wesentlich erfolgreicher ab. Das Geld fließt mit einer «No risk, no fun»-Einstellung viel besser. Und kaum ein Mann würde so leicht aufgeben, denn Männer sind eher bereit, für ihre Anliegen zu kämpfen.

Frauen lassen sich schneller verunsichern, besonders wenn sie ein geringeres Selbstwertgefühl haben. Mit einer unsicheren Haltung lässt sich verständlicherweise nur suboptimal verhandeln.

Und tatsächlich gibt es überall diese «Anja Wendts». Frauen sind untereinander aus verschiedensten Gründen oft missgünstig (besser: unsolidarisch). In dieser Hinsicht können Frauen durchaus von den Männern lernen: Sie akzeptieren einander eher und nehmen die Dinge nicht so persönlich.

Wie Sie Ihre Interessen wirkungsvoll durchsetzen

Werden Sie sich Ihrer Ziele bewusst und bereiten Sie sich gut vor.

Stimmen Sie sich emotional positiv auf das Gespräch ein und nehmen Sie eine selbstbewusste innere Haltung ein.

Sagen Sie genau, was Sie wollen, mit schlagkräftigen Argumenten.

Verzichten Sie auf Konjunktive und Verneinungen.

Äußern Sie Ihre Forderungen in der Ich-Form.

Wenn Sie sich klar positionieren und deutlich sagen, was Sie wollen, fällt es Ihnen leichter, auf Augenhöhe zu verhandeln.

Neuausrichtung mit Thekla
Sabine möchte sich auf das nächste Gespräch mit ihrem Chef sehr gut vorbereiten. Ihre unterstützenden Sätze nach dem Thekla-Prinzip formuliert sie so:

- treffsicher → «Mir steht mein Job zu!»
- humorvoll → «Olli meint es ja nicht bööööse!»
- emotional → «Ich kann, was ich will.»
- klug → «Mein Potenzial will ich ausschöpfen.»
- lösungsorientiert → «Ich habe schlagkräftige Argumente.»
- authentisch → «Ich kann mich auch durchsetzen.»

Sabine Joop bewertete zu Beginn den Bereich Beruf und Karriere mit dem Wert eins. Ihr Ziel: eine Steigerung auf sechs. Das Kriterium dafür ist ein gelungenes Gespräch mit ihrem Chef – und das wird sie sehr gründlich vorbereiten, um selbstbewusst und überzeugend zu agieren.

Im Bereich Beruf und Karriere sind außerdem unter anderem folgende Themen Gegenstand eines Coachings: Überforderung, Versetzung, kritische Beurteilung, Misserfolge, Kränkungen, Mobbing, Konflikte, Entlassung.

5. Finanzielle Absicherung

Die drei Fragen: Sind Sie in der Lage, Ihre Finanzen selbst zu managen? Haben Sie finanzielle Nöte? Betreiben Sie eine ausreichende Altersvorsorge?

Sind das unangenehme Fragen für Sie oder ordnen Sie diese in die Kategorie «Das ist eine Selbstverständlichkeit» ein? Wichtig ist, zu sehen, dass ein finanzielles Polster eine beruhigende Wirkung hat. Gerade Frauen sollten sich ganz eigenständig finanziell absichern. Auf keinen Fall bieten die Ehe und Kinder – gemeint sind mögliche daraus resultierende Unterhaltszahlungen – oder gar die staatliche Rente Sicherheit. Zum Beispiel benachteiligt das in Deutschland umstrittene Gesetz zur Regelung der Unterhaltszahlung, das im Januar 2008 in Kraft getreten ist, «Noch-Ehefrauen». Das sind Realitäten, die zeigen, wie trügerisch das Gefühl scheinbarer Absicherung durch Ehe und gemeinsame Kinder ist. Es ist wichtig, hier informiert und aufgeklärt zu sein, um nicht böse auf die Nase zu fallen.

Heilsamer Schock

Beantworten Sie schonungslos folgende Fragen:

- Wie gut ist die Absicherung durch die gesetzliche Rente?
- Wie lange wollen und können Sie noch einzahlen?
- Wie viel Geld brauchen Sie im Alter?
- Wie gesund sind Sie?
- Wie sind Sie im Krankheitsfall abgesichert?

Was sagt Ihnen Ihre Intuition bei der Auseinandersetzung mit diesen Fragen? Manchmal führt hier ein heilsamer Schock zu notwendigen Aktionen. Handeln Sie zukunftsorientiert!

Krisenauslöser Finanzen

Heidi Sand ist 43 Jahre alt und Redakteurin bei einem großen Zeitungsverlag. Der Coachingauftrag ergab sich während einer großen Umstrukturierung des Verlags. Heidi ist durch die anstehenden Veränderungen doppelt betroffen: Ihre Stelle wird voraussichtlich auf eine Halbtagsstelle reduziert und sie soll in einem anderen Ressort arbeiten.

Heidi ist Mutter einer sechsjährigen Tochter und eines einjährigen Sohns. Schon zu Beginn unseres Gespräches stellt Heidi fest: «Eine Halbtagsstelle ist eine echte Katastrophe!» Sie erzählt, dass ihr Mann selbstständig als Künstler und Fotograf arbeitet. Sein Einkommen ist äußerst unregelmäßig. Gemeinsam haben sie im letzten Jahr eine schöne, aber auch sehr teure Altbauwohnung gekauft. Sie hat dafür 50 000 Euro von ihren Eltern bekommen – ihr vorgezogenes Erbe. Dennoch sind die monatlichen Kosten für die Familie sehr hoch, und das Leben mit den beiden Kindern ist teuer. Immer häufiger geraten die Eheleute aneinander. Es geht meistens um Geld. Ihr Mann Mark wirft ihr vor, dass sie zu viel Druck auf ihn ausübe und er daher als Künstler nicht frei arbeiten könne. Sie sagt, sie bewundere ihren Mann schon lange nicht mehr für seine Arbeit, sie finde, er müsse sich deutlich mehr einsetzen. Sie sagt: «Den Künstler Mark, in den ich mich vor 15 Jahren verliebt habe, sehe ich gar nicht mehr in ihm.»

Schon in den ersten Minuten des Coachings wird deutlich, dass die materiellen und familiären Sorgen bei Heidi eine echte Krise auslösen könnten. Die bevorstehenden beruflichen Veränderungen, der eigentliche Coachinganlass, will sie in diesem Gespräch gar nicht angehen. Das Thema materielle Sicherheit spielte eine übermächtige Rolle. Sie formuliert ihre Ängste folgendermaßen: «Ich habe Angst, alles zu verlieren, unsere Wohnung, langfristig meinen Job und auch meinen Mann. Ich habe schon immer geahnt, dass ich oder besser wir finanziell nicht gut aufgestellt sind. Mit den beiden Kindern kann ich bald in eine Sozialwohnung ziehen und von der Sozialhilfe leben. Ich bin durch nichts abgesichert. Meine Rente wird gleich null sein. Ich habe keine einzige private Rentenversicherung. Ich bin doch sowieso schon zu alt. Und einen so gut bezahlten Job wie meinen jetzigen bekomme ich nie wieder!»

Heidi hat das Gefühl, die Sicherheit und den Rückhalt zu verlieren. Sie fühlt sich massiv bedroht. Ein professionelles Businesscoaching ist in dieser Situation nicht denkbar. Das zeitliche Setting eines Businesscoachings ist zu begrenzt, um solch eine Krise angemessen zu erfassen. Heidis Ängste, dass sie unzureichend finanziell abgesichert sei, sind höchstwahrscheinlich schon längere Zeit unterbewusst vorhanden. Für Heidi werden diese verdrängten Sorgen jetzt existenziell.

Neuausrichtung mit Thekla

Heidi bewertet den Bereich Finanzielle Absicherung mit dem Wert «null Komma null». Sie erkennt daher das dringende Ziel, sich endlich Klarheit über ihre Finanzen und ihre finanzielle Absicherung zu verschaffen. Sie wünscht sich eine konkrete Auseinandersetzung mit diesem wichtigen Thema, um ihre Angst mit Daten und Fakten zu belegen.

Ihre persönliche Gedächtnisstütze für das Ziel, sich so bald wie möglich Klarheit zu verschaffen, formuliert sie folgendermaßen:

- treffsicher → «Ich brauche Klarheit über finanzielle Ressourcen.»
- humorvoll → «Von ganz oben betrachtet ist das Problem gar nicht so groß!»
- emotional → «Das Bild von der Weltkugel auf meinem Mobiltelefon wird zum Zielbild.»
- klug → «Die Klarheit verkleinert meine Angst.»
- lösungsorientiert → «Wir werden uns erwachsen auseinandersetzen.»
- authentisch → «Ich will Klarheit jetzt!»

Bei unserem nächsten Treffen ist Heidi gedanklich wesentlich «aufgeräumter». Gemeinsam mit ihrem Mann hat sie Zahlen und Fakten besprochen. Das Ergebnis ist besorgniserregend, dennoch ist die Angst kleiner geworden. Jetzt können wir mit dem vereinbarten Businesscoaching beginnen …

Im Bereich Finanzielle Absicherung lösen folgende weitere Themen häufig Krisen aus: finanzielle Sorgen, unzureichende Absicherung, Schulden, Insolvenz, schlecht gehende Geschäfte, unsicheres Einkommen, Trennung, Tod, persönliche Veränderung, Kündigung.

«Wireless-LAN» zum Bauch – Übung 4

Welche drei Wünsche haben Sie gerade in diesem Moment?

1. ______________________________________

2. ______________________________________

3. ______________________________________

Rückblick auf den ersten Teil

Ist es mir gelungen, Sie auf Ihre beruflichen und privaten Ziele neugierig zu machen und Ihre Intuition zu wecken?

Sie haben das «Netz» als ein persönliches Orientierungssystem zu den wesentlichen fünf Lebensbereichen kennengelernt. Konnten Sie schon feststellen, wie es Sie dabei unterstützt, Ihre Intuition greifbar zu machen? Haben Sie schon Ihre wichtigsten Herausforderungen gefunden?

Sie haben etwas über die Unterschiede zwischen Männern und Frauen sowie über weibliche Qualitäten erfahren. Entspricht das, was Sie hier gelesen haben, Ihren Erfahrungen und Ihrer Einschätzung? Sehen Sie Ansatzpunkte, wie Sie persönlich weibliche Qualitäten in Ihrem beruflichen Umfeld stärker einbringen können?

Das Thekla-Prinzip, eine erprobte Erfolgsstrategie von Frauen für Frauen, wurde im ersten Teil zum Herzstück. Ich bin überzeugt davon, dass Sie damit Ihre Ziele noch besser definieren können – mit ganz viel Gespür.

Schließlich habe ich Sie mit vielen Fragen zu den verschiedenen Lebensbereichen konfrontiert. Haben Ihnen Ihre Antworten Aufschluss darüber gegeben, was Sie wirklich wollen?

Teil II: Das Dranbleiben

5 Wie der weibliche Plan funktioniert

Ehrliche, herzliche Begeisterung ist einer der wirksamsten Erfolgsfaktoren.

Dale Carnegie

Warum werden eigentlich so viele gute Ideen und logische Pläne nicht umgesetzt? Offenbar garantiert auch der vernünftigste und durchdachteste Plan leider kein zielstrebiges Handeln. Pläne sollten daher immer eine emotionale Komponente haben – etwas, das berührt und den Willen anhaltend stärkt.

Die Kunst ist, offen und flexibel zu bleiben und sich durch eine humorvolle Seite des Plans motivieren zu lassen. Es geht darum, möglichst zielgerichtet in Aktion zu treten – mit emotionalem Schub. Stellen Sie sich vor, Sie strahlen vor Freude, wenn Sie an Ihre Ziele denken. Das motiviert! Die größte Ausdauer entwickeln Sie, wenn Sie ganz genau wissen, was Sie wollen, so konkret und bildlich wie möglich.

Ziele hingegen, die mit «Ich müsste mal …» oder «Eigentlich sollte ich …» beginnen, stehen auf wackligen Füßen. Es ist eher unwahrscheinlich, dass Sie sie erreichen. Die Wahrscheinlichkeit, bis ans Ziel zu kommen, steigt mit einem emotional aufgeladenen Handlungsplan, einem weiblichen Plan. Dieses Kapitel beschreibt, wie die sechs Thekla-Prinzipien den weiblichen Plan stützen.

Trotz Frauenbewegung, Frauenquote und Politikerinnen in höchsten Staatsämtern bewegen wir uns in einer Männerwelt. In meinen Führungscoachings und -trainings sind Frauen noch heute in der Minderheit. «This is a man's world», sang 1966 James Brown. Vielleicht sollte nach über vierzig Jahren auch die zweite Kernaussage des Songs im Management ankommen: «But there wouldn't be nothing without a woman …»

Fakt ist: Männliche Erfolgsstrategien haben schon immer funktioniert und funktionieren noch heute. In sogenannten «Old-Boy-Networks» werden wichtige Entscheidungen getroffen und Vorhaben realisiert. Frauen gelingt es noch zu selten, in diese Beziehungsnetzwerke aufgenommen zu werden. Und die professionelle Vernetzung von Frauen hat noch keine sehr lange Tradition.

Unterschiede zwischen männlicher und weiblicher Strategie

Bevor wir uns eingehender dem weiblichen Plan widmen, ist eine kurze Gegenüberstellung der wesentlichen Merkmale männlicher und weiblicher Strategien sinnvoll.

Die männliche Strategie ist geprägt durch:

- eher rationale Entscheidungen
- Risikobereitschaft
- hierarchisches Denken

Diese Strategie hat eine strahlende Wirkung und stellt weibliche Tatkraft schon mal in den Schatten.

Die weibliche Strategie ist geprägt durch:

- eher intuitive Entscheidungen
- Sicherheitsorientierung
- teamorientiertes Denken

Um männliche und weibliche Strategiemuster noch deutlicher zu erkennen, ist es wichtig, verschiedene Punkte näher unter die Lupe zu nehmen. Unter anderem ist es aufschlussreich, den weiblichen und männlichen Blickwinkel auf zwischenmenschliche Beziehungen heranzuziehen. Diverse soziologische Untersuchungen beschäftigen sich mit den unterschiedlichen Strategiemustern. Nach dem Soziologen Dieter Otten nehmen Frauen zwischenmenschliche Beziehungen in Freundschaften, Familie und beruflichen Teams vornehmlich als ein zu bewahrendes und zu schützendes System wahr. Sie suchen daher viel eher als Männer nach Gemeinsamkeiten und Übereinstimmungen. Sie sind bemüht, die Interessen und Bedürfnisse der Menschen in ihrem sozialen Umfeld zu berücksichtigen. Das macht eine Konzentration auf sich selbst und auf eigene Ziele schwieriger.

Männer haben die Tendenz, mit anderen zu wetteifern, sich an anderen zu messen, andere zu übertrumpfen. Hierarchiedenken hat bei ihnen einen höheren Stellenwert. Männer sind zudem eher bereit, ein Risiko einzugehen, wenn es um die Einschätzung eigener Kompetenzen oder um Entscheidungen geht.

Das Denken von Frauen hingegen ist stark sicherheitsorientiert. Eigene Kompetenzen und Entscheidungen werden von ihnen gründlich geprüft, geprüft und noch mal geprüft – häufig fehlt der Mut zur Lücke. Frauen haben daher weniger Aussicht, mitreißend zu wirken. Wichtige weibliche Impulse verlieren auf diese Weise an Überzeugungskraft. Wenn Frauen dies bewusst wird, können sie sich selbst stärken, ohne dabei zum Mann zu mutieren. Der Punkt ist: Frauen müssen vielfach noch selbstbewusster und entschiedener auftreten, um auch von männlichen Kollegen und Vorgesetzten gehört und ernst genommen zu werden.

Weder die Merkmale einer typisch männlichen noch die einer typisch weiblichen Strategie sind an sich besser oder schlechter. In Kombination wären sie unschlagbar. Wichtig ist, die Unterschiede zu sehen und zu akzeptieren und wenn irgend möglich Synergieeffekte zu schaffen.

Eine positive und aktive Zielformulierung wirkt Wunder

Eines ist bei Männern und Frauen gleich wichtig: Die im Kopf geborenen Ziele brauchen unbedingt einen positiven Namen – und zwar für den Bauch. Ziele werden umso reizvoller, wenn sie positives und aktivierendes Potenzial schon im Titel tragen – ohne Verneinung, ohne Konjunktive und ohne Passivformulierungen! Positive, aktive Zielbenennungen wirken wie eine innere Energiequelle und sind gleichsam ein Zünder für Fähigkeiten und Kompetenzen.

Der weibliche Plan folgt den Thekla-Prinzipien

Der weibliche Plan, der den sechs Thekla-Prinzipien folgt, bringt Sie mit Ihren Gefühlen in Kontakt und führt dadurch einfacher und schneller ans Ziel.

Thekla-Prinzip: treffsicher

Ziele sind treffsicher, wenn sie in Ihrem persönlichen Orientierungssystem (dem Netz aus dem ersten Kapitel) gut verankert sind. Beantworten Sie dazu bitte folgende typische Coachingfragen:

- Können Sie das Ziel positiv benennen?
- Sind noch Zielkonflikte wahrnehmbar? Falls ja, was genau macht den inneren Konflikt aus?
- Liegt die Zielerreichung ausschließlich in Ihren Händen?
- Haben Sie sich einen Überblick über Ihre Möglichkeiten verschafft?
- Sind Sie wirklich entschieden und motiviert bezüglich Ihres Zieles?

Das neuronale Glücksnetz

Stefan Klein erklärt in seinem Buch «Die Glücksformel» sehr anschaulich Erkenntnisse aus der neueren Hirnforschung. Im Fokus stehen Emotionen. Klein beschreibt, wie sich mit neuen Abbildungstechniken wie der Computertomografie räumliche Bilder von Gehirnen Lebender erzeugen lassen. Diese Errungenschaft macht es möglich, das Gehirn beim Denken und Fühlen zu beobachten. Hirnforscher können mit dieser Methode beispielsweise nachweisen, wo genau sich die Vernetzungen für Freude verbergen. Wenn wir uns freuen, treten das limbische System und der präfrontale Cortex in Aktion.

Bei Menschen, die sich mit positiven Dingen beschäftigen, ist in besagten Gehirnbereichen ordentlich was los. Sie spinnen ein neuronales Glücksnetz.

Ein aktives und positives Ziel sollte genau in diesem Glücksnetz integriert werden.

Es geht also darum, eine emotionale Verbindung zu Ihrem Ziel oder Plan herzustellen. Voraussetzung dafür ist immer, dass Sie genau wissen, was Sie erreichen wollen. Bei Zielen mit dem Tenor «Ich weiß zwar nicht, was ich will, aber den Ist-Zustand will ich jedenfalls nicht!» hilft die lösungsorientierte Frage:

- Was genau wollen Sie stattdessen?

Wenn Sie diese Frage treffsicher beantworten, haben Sie Ihr Ziel parat. Zugleich schöpfen Sie daraus die nötige Motivation und Energie, um auf das Ziel loszugehen. Die treffsichere Antwort ermöglicht außerdem eine präzise Selbstkontrolle. Sie können unterwegs jederzeit prüfen, wie weit sie gekommen sind und ob sie noch in die richtige Richtung gehen. Kurz: Mit Treffsicherheit wird das Ziel zur Herzensangelegenheit.

Thekla-Prinzip: humorvoll

Die mentale und psychologische Bedeutung des Lachens für die Gesundheit und das soziale Miteinander ist heute unbestritten. Ohne Lachen wäre ein einvernehmliches Zusammenleben kaum möglich. Das Lachen ist so gesehen eine der erfolgreichsten Kommunikationstechniken. Lachen macht sympathisch, schafft Freundschaften, begeistert Menschen. Lachen hilft, Konflikte zu entschärfen. Lachen liefert Energie und hilft, aus Niederlagen Motivation zu ziehen und die steigenden Anforderungen des Alltags zu bewältigen.

Der Begriff Humor wird heute gern für alles Lustige gebraucht. So wie ich ihn meine, bezeichnet er eine ganz besondere Qualität für die weibliche Führung. Humorvolle Führungskräfte haben Charisma, sie können auch in kritischen Situationen über den Dingen stehen, Fehler auf humorvolle Weise verzeihen und lachend Konflikte lösen.

Wenn Sie im Beruf mit einem Lachen im Gesicht gewinnen wollen, brauchen Sie nicht nur Humor, sondern auch Einfühlungsvermögen und Verantwortungsgefühl, um das Lachen nicht gegen andere zu richten.

Richtig verstanden und eingesetzt,

- hilft Humor, Stress abzubauen.
- ermöglicht Humor eine authentische Selbstbehauptung.
- steigert Humor die Selbstmotivation.
- ist Humor Treibstoff für eigene und gemeinsame Ziele.

Kurz: Mit Humor zwinkert Ihnen das Ziel zu.

Thekla-Prinzip: emotional

Sicher haben auch Sie sich schon manches Mal gesagt: «Ach, hätte ich doch auf mein Gefühl gehört!» Über unsere Gefühle finden wir Zugang zu unserer Intuition.

Nach Stefan Klein ist man gut beraten, «die guten Gefühle als Kompass» zu nutzen. In seinem Buch «Die Glücksformel» beschreibt er sehr anschaulich, wie unsere Gefühle uns spüren lassen, was gut und was schlecht für uns ist. Die Gefühle zeigen uns sozusagen, in welche Richtung wir gehen und wie wir handeln sollen. Manchmal wirkt es so, als würden Gefühle und Verstand sich gegeneinander ausspielen. Sie arbeiten jedoch Hand in Hand, da es eine rein emotionale Entscheidung genauso wenig gibt wie eine rein rationale. Wir haben es immer mit einem Mix zu tun. Unsere persönliche Lebenserfahrung bestimmt dabei die emotionalen Reaktionen. Es ist sinnvoll, darauf zu schauen, woher eine Gefühlsregung kommt. Wir können sie als Botschaft begreifen. Gefühle geben Aufschluss über – oft verborgene – Wünsche und Bedürfnisse.

Emotionen sind lebenswichtig. Man kann noch nicht genau beschreiben, wie emotionale Vorgänge im Körper ablaufen. Hirnforscher untersuchen eifrig die zentralen Schaltkreise, die unsere Gefühle steuern. Dabei ist klar geworden: So wie es kein Zentrum im Gehirn für «die Neugier» gibt, so gibt es auch kein Zentrum für die Emotionen – auch sie werden durch Aktivitäten weit verzweigter Netze aus Nervenzellen hervorgerufen.

Die Hirnforscher sind sich darüber einig, dass unser Gehirn positive und auf ein Ziel gerichtete Gefühle und Gedanken lernen kann. Zur Erinnerung: Genauso wie Sie fähig sind, trübsinnige Gefühle zu lernen, die destruktiv wirken, so können Sie freudige Gefühle lernen, die aufbauend wirken und die Ausrichtung auf Ihr Ziel unterstützen. Das Gehirn lernt und vernetzt sich durch Wiederholung. Für die Realisierung eines Plans ist es also wichtig, an Ihr positiv formuliertes Ziel häufig zu denken, es richtiggehend einzuspinnen in Ihr «neuronales Netz». Durch die Wiederholung bleiben Sie auf Ihr Ziel ausgerichtet.

Kurz: Mit Emotionen verknüpft wird Ihr Ziel ein attraktives Bild.

Thekla-Prinzip: klug

Für mich als Coach ist es naheliegend, den weiblichen Plan mit den Phasen eines professionellen Coachingprozesses zu vergleichen. In jedem Coaching geht es um realistische Ziele und darum, Handlungsalternativen zu finden, die zum Erreichen der Ziele führen. Coaching ist ein entwicklungsorientierter Prozess. In sehr vielen Unternehmen ist genau deswegen Coaching ein akzeptiertes Modul für die systematische Förderung von Schlüsselpersonen. Neben persönlicher Weiterentwicklung und Leistungssteigerung geht es vor allem um Kommunikationsprobleme und Konflikte. Allen Anliegen ist gemeinsam, dass etwas gezielt erreicht werden soll. Und stets gibt es eine fixierte Vereinbarung zwischen Coach und Coachee.

Professionelles Coaching hat eine sehr klare Struktur. Zunächst geht es um die Kontaktaufnahme zwischen Coach und gecoachter Person. Der nächste Schritt ist die Orientierungsphase im Sinne einer Ist-Analyse. Anschließend werden Ziele aufgedeckt und definiert. Danach werden Lösungen entwickelt. Im letzten Schritt wird der Transfer in die Praxis gesichert.

Parallel zum Coaching als strategischem Prozess lässt sich die Idee vom weiblichen Planen in folgenden Schritten darstellen:

- Sie kommen in Kontakt mit Ihrer Neugier. Es geht um die Entdeckung beziehungsweise Wiederentdeckung Ihrer Neugier.
- Sie machen eine Bestandsaufnahme im Sinne einer Ist-Analyse. Ein geeignetes Hilfsmittel hierfür ist das in Kapitel 1 beschriebene Orientierungsnetz für die fünf wesentlichen Lebensbereiche.
- Sie verankern Ihre Ziele fest mit positiven Gefühlen. Dadurch gewinnen Sie einen spürbaren emotionalen Drive.
- Sie finden intuitiv Lösungen und unterziehen diese einer rationalen Überprüfung, bevor Sie an die Umsetzung gehen.
- Sie setzen Ihre Lösungen in die Tat um, und das in einer authentischen, für Sie stimmigen Art und Weise.

Kurz: Mit Klugheit kommen Sie Schritt für Schritt ans Ziel.

Thekla-Prinzip: lösungsorientiert

Die positive Formulierung von Zielen fällt manchen Frauen schwer. Frauen tendieren dazu, darauf zu schauen, was alles nicht passieren soll, nicht mehr sein darf oder nicht mehr gewollt ist. Denn bei der Formulierung und Äußerung dessen, was Sie wollen, gehen Sie natürlich ein gewisses Risiko ein. Sie verstecken sich nicht länger, Sie zeigen sich. Und Sie stellen sich den möglichen Reaktionen Ihrer Umwelt. Es erfordert also Mut zu sagen, was man will. Männer sind häufig schneller bereit, nach vorne zu gehen und auch schon mal ein blaues Auge zu riskieren.

Fest steht: Um etwas zu erreichen, müssen Sie zunächst einmal genau wissen, was Sie wollen. Es genügt nicht, wenn Sie als Ziel angeben, was Sie vermeiden wollen. Das sind Vermeidungsziele. Hier ein Beispiel. Nehmen wir an, ich sage: «Ich will mich nicht mehr so schnell aus der Ruhe bringen lassen!» Wissen Sie, wie ratlos ich mein Gehirn mit dieser Formulierung mache?

Schon während ich diesen Satz formuliere, fallen mir spontan einige Situationen ein, in denen ich aus der Ruhe gekommen bin (selbstverständlich aus gutem Grund!). In meinem Kopf tauchen Bilder dazu auf. Da war neulich dieses unerfreuliche Gespräch über die neuste Schulreform mit Britta im Besprechungszimmer. Was habe ich mich geärgert …

Aber nein! Stopp! Wir stellen fest: Diese Art von Zielformulierung regt die Phantasie an – leider in eine völlig unerwünschte Richtung.

Vermeidungsziele gibt es massenhaft:

- «Ich möchte mich in Besprechungen nicht mehr verstecken.»
- «Ich will nicht mehr zu allem Ja sagen.»
- «Ich will nicht mehr so schnell die Dinge persönlich nehmen.»
- und so weiter und so weiter.

Bei diesen Formulierungen ist Ihre Aufmerksamkeit genau auf die Dinge gelenkt, die Sie eigentlich gar nicht mehr wollen. Stattdessen sollte sich Ihre Aufmerksamkeit auf das konzentrieren, was Sie haben wollen. Dann können sich auch positive Assoziationen einstellen. Positive Formulierungen und Bilder holen Handlungsalternativen ans Licht und lassen so den angestrebten Zustand wahrscheinlicher werden.

Umformuliert könnten die oben genannten Ziele lauten:

- «Ich werde in der nächsten Besprechung mindestens einmal meine Meinung sagen!»
- «Ich werde Nein sagen, wenn ich mit etwas nicht einverstanden bin.»
- «Ich werde gelassen reagieren, wenn jemand Kritikpunkte anspricht.»

Bevor Sie demnächst voreilig ein Vermeidungsziel formulieren, stellen Sie sich selbst diese Frage: Was genau will ich eigentlich erreichen?

Sobald Sie hierüber Klarheit haben, wird Ihnen das Formulieren eines positiven Ziels wesentlich leichter fallen.

Kurz: Mit Lösungsorientierung ist der Weg zum Ziel vorgezeichnet.

Thekla-Prinzip: authentisch

Ist das, was Sie sich vorgenommen haben, realistisch? Wie stark ist Ihr innerer Motor? Was genau passt zu Ihnen? Ein guter Plan berücksichtigt diese Faktoren. Bei Ihrer Analyse helfen folgende Fragen:

- Stimmt Ihr Ziel mit Ihren Wertvorstellungen überein?
- Entspricht das Ziel Ihrer Persönlichkeit?
- Warum ist das, was Sie sich vorgenommen haben, reizvoll für Sie?
- Welches Bedürfnis wäre erfüllt, wenn Sie das Ziel erreichen?
- Können Sie das Ziel allein erreichen?

Je präziser Ihre Antworten sind, umso mehr gewinnt Ihr Ziel an Attraktivität. Manchmal bringen genau diese Antworten noch weitere Ziele hervor, die Sie zuvor nicht erkennen konnten oder vielleicht nicht sehen wollten.

Kurz: Mit Authentizität kommen Sie sicher ans Ziel.

Ziele können sich ändern

Obwohl Sie möglicherweise ein Ziel perfekt definiert haben und theoretisch wissen, wie Sie Ihr Ziel erreichen könnten, lassen Sie es trotzdem unter Umständen links liegen. Es gibt diverse Gründe für das Abweichen von geplanten Zielen und Visionen. Ich weiß von mir: Nicht immer haben die Zielprozesse den erhofften Erfolg gebracht. Meistens allerdings Teilerfolge!

Da drängt sich die Frage auf: Ist jeder Plan nur das wert, was aus ihm geworden ist? Ich denke, das wäre eine sehr harte Bewertung und würde wesentliche Aspekte außer Acht lassen. Im Leben ändern sich immer wieder die Prioritäten. Wünsche, Vorhaben, Ziele und Visionen ändern sich. Ja, sie müssen sich ändern, wenn sich die Umstände und die Bedürfnisse verändern. Ganz zu Recht verlaufen manche Zielprozesse im Sande.

Nicht alles lässt sich vorhersehen und in allen Einzelheiten planen. Es gibt neue Entwicklungen, neue Informationen. Wir lernen ständig etwas dazu. Wir lernen uns selbst immer besser kennen, finden genauer heraus, was zu uns passt und was nicht. Wir erfahren, was realistisch ist, was funktioniert und was nicht. Da ist es wichtig, die Ziele immer wieder zu überprüfen, sie den neuesten Erkenntnissen anzupassen, sie gegebenenfalls zu verwerfen und neue Ziele an ihre Stelle zu setzen.

Unterscheiden Sie, ob Sie Ihr Ziel ungewollt vernachlässigt haben und die Verfolgung Ihres Zieles wieder (verstärkt) aufnehmen sollten oder ob Sie sich bewusst von einem Ziel verabschieden wollen. Letzteres kann verhindern, dass Sie sich unnötig mit einem schlechten Gewissen herumschlagen.

Zu den weiblichen Qualitäten zählt Anpassungsfähigkeit. Das sollte keineswegs dazu führen, dass Sie sich Ihrem Ziel anpassen, sich für Ihr Ziel verbiegen. Passen Sie umgekehrt Ihr Ziel und Ihren Plan Ihren Erfordernissen und Ihrer Persönlichkeit an. Bleiben Sie authentisch und nutzen Sie den weiblichen Plan für sich!

«Wireless-LAN» zum Bauch – Übung 5

Welche Möglichkeiten nutzen Sie, um am Ball zu bleiben, wenn es um Ihre Ziele geht?

1. ______________________________

2. ______________________________

3. ______________________________

6 Wie Sie Ihre Ziele im Auge behalten

Eng ist die Welt, und das Gehirn ist weit,
leicht beieinander wohnen die Gedanken,
doch hart im Raum stoßen sich die Sachen.

Friedrich Schiller

«Ich habe mein Ziel nie aus den Augen verloren.» – Von Menschen, die etwas erreicht haben, hören Sie diesen Satz häufig. Erfolgreiche Menschen lieben diesen Satz. Haben Sie sich schon einmal gefragt, wie so ein Ziel, das man nicht aus den Augen verliert, eigentlich aussieht? Welche Farbe hat es, welche Form? Zeigt es einen Gegenstand, eine Landschaft, einen Mensch, eine Menschengruppe? Ist es ein Bild oder eine Szene? Was genau ist da zu erkennen? Was Sie nicht aus den Augen verlieren wollen, das müssen Sie zunächst einmal bildlich vor sich sehen.

Natürlich ist es Unsinn, Redewendungen allzu wörtlich zu nehmen. Aber ich möchte Sie auf etwas ganz Bestimmtes aufmerksam machen: Ziele sind zunächst einmal etwas sehr Abstraktes, Rationales, «Linkshirniges» und ja – Männliches. Es ist schön und gut, auf einer abstrakten Ebene Ziele zu definieren. Manager oder Politiker tun das mit Vorliebe. Aber dann? Wo kommt der emotionale Rückenwind her, um die Ziele auch zu erreichen?

Ich behaupte: Erst wenn aus Ihren Zielen echte Zielbilder geworden sind, die Sie sich buchstäblich «vor Augen führen» können, bekommt Ihr rationaler Gedanke, ein Ziel erreichen zu wollen, den nötigen emotionalen Drive. Dann legen Sie mit voller Kraft los und bleiben ganz intuitiv auf Kurs.

Die Verknüpfung von positiven Gefühlen und Gedanken mit Ihrem Ziel stellt wissenschaftlich nachweisbar eine große Motivationshilfe dar. Seit Längerem nutze ich in Coachings die Kraft positiver Bilder. Wie Sie Ihre Zielbilder finden können, erfahren Sie in diesem Kapitel. Sie lernen, wie Sie Momentaufnahmen Ihrer ganz persönlichen tollen Augenblicke mit Ihren Zielen verknüpfen und damit zu ultimativen emotionalen Energiespendern machen. Anhand von Beispielen aus meiner Beratungspraxis zeige ich Ihnen, was Zielbilder alles leisten können. Manchmal Gigantisches.

Ein Bild im Herzen statt nur im Kopf

Tanja Fuchs ist eine 42-jährige Anwältin. Sie arbeitet angestellt in einer Kanzlei und wird dort sehr geschätzt. Tanja erzählt mir von ihrem Ziel, sich als Anwältin selbstständig zu machen – und gleichzeitig zehn Kilo abzunehmen! Gleich zwei Ziele auf einmal? Das muss sie mir erklären.

Mit dem derzeitigen Gewicht fühle sie sich als künftig selbstständige Anwältin nicht attraktiv genug, gesteht Tanja. Dumm nur, dass das eine Ziel das andere offensichtlich blockiert: «Wenn ich zehn Kilo abnehme, kann ich eine attraktive Anwältin sein», lautet die eine Betrachtungsweise. Umgekehrt heißt das: «Ich werde nur dann eine attraktive Anwältin sein, wenn ich die zehn Kilo abgenommen habe.»

Tanja hatte in irgendeinem Buch gelesen, wer seine Ziele erreichen wolle, müsse sie sich ganz genau und so konkret wie möglich vorstellen. «Okay, das kann ich», dachte Tanja und stellte sich daraufhin folgendes Bild vor: Als schlanke Anwältin steht sie in ihrer modernen Kanzlei mit Blick auf die Elbe. Diese Vorstellung, diese Vision sollte also motivierend wirken.

Grundsätzlich eine supergute Methode – wenn sie funktioniert. Das genaue Ausmalen der Vision wirkt dann wie ein Motor, wir fühlen uns bei der Vorstellung beflügelt und packen es an. Allerdings –

Visionen können einen auch ganz schön überfordern. Und ihre motivierende Kraft kann sogar ins Gegenteil umschlagen.

In unserer ersten Coachingstunde sitzt sie mit hängenden Schultern im Sessel und sagt: «Was für ein Mist! Das Ziel ist klar. Der Weg ist definiert. Aber meine Vision schwebt wie eine Gewitterwolke über mir. Die Vorstellung von meinem Ziel hat fürchterlich wenig mit meinen Gefühlen zu tun. Statt Spaß am Abnehmen zu haben, freue ich mich jetzt schon auf die Mandel-Rahm-Schokolade, die unten in meinem Auto auf mich wartet.»

Zu Beginn des Coachings plagt Tanja sich mit zwölf Kilo «gefühltem» Übergewicht – so läuft das eben, wenn es nicht genügend Motivation für Veränderung gibt.

Die Ursache für Tanjas Frust wird schnell deutlich, und ich mache ihr klar, was schiefgelaufen ist: Ihr erscheint der Weg zum Ziel noch viel zu weit. Der Vergleich zwischen Ist-Zustand und Ziel-Zustand löst bei ihr deshalb eher Unlust als Motivation aus.

Das Bild, das vor dem geistigen Auge entstehen soll, muss besonders bei sehr rational denkenden Menschen wie Tanja sorgfältig ausgewählt sein. Je einfacher, desto besser. Und dann: Emotionen, bitte! Ein Bild, das auf ein imaginiertes, unpersönliches Idealbild setzt – schlanke Anwältin in modernem Büro – hilft wenig. Ein Bild, das ausschließlich motiviert, also eine rein positive emotionale Wirkung hat, ist besser geeignet, denn es tritt keine Vergleichsmechanismen los wie etwa: jetzt und später, vorher und nachher, dick und dünn, erfolglos und erfolgreich. Zielbilder, die ich meine, motivieren aus sich heraus – ohne Wenn und Aber.

Zielbilder ohne Wenn und Aber

Eine Studie von Prof. Christian Büchel, Direktor des Instituts für Systemische Neurowissenschaften am Universitätsklinikum Eppendorf, erklärt, warum die Methode des emotionalen Zielbildes funktioniert: Beklemmung, Kurzatmigkeit und Atemnot sind Zustände, die nicht nur davon abhängen, wie viel Sauerstoff tatsächlich in die Lungenflügel gelangt: «Es wird dadurch geprägt, welche Bilder man sieht, wenn die Luft knapp wird. Das zeigt das Ergebnis einer neuen Studie», so Prof. Christian Büchel. Das subjektive Empfinden macht den Unterschied. In einem Versuch wurde Probanden eine Maske aufgesetzt, so dass sie wie Taucher nur durch einen Schlauch Luft bekamen. In diesen Schlauch schoben die Forscher hin und wieder kleine Siebe, die es erschwerten, Luft zu holen. Gleichzeitig wurden den Probanden Bilder gezeigt, die erfahrungsgemäß angenehme beziehungsweise unangenehme Gefühle wecken. Das Untersuchungsergebnis: Die Bilder hatten einen deutlichen Einfluss darauf, wie stark unwohl sich die Versuchsteilnehmer während der künstlich erzeugten Atemnot fühlten.

Das heißt ganz allgemein: Bilder haben eine enorme Wirkung auf unsere Gefühlslage. Bilder zählen zu unseren wichtigsten Wohlfühlfaktoren! Wenn wir uns wohl fühlen, wenn wir glücklich sind, scheinen wir von erfreulichen inneren oder äußeren Bildern umgeben zu sein. Den positiven Einfluss, den Bilder auf unser Wohlbefinden haben, können Sie für Ihre Ziele nutzen.

Es geht dann darum, ein motivierendes Bild im Kopf zu pflegen, das Sie an Ihre Ziele erinnert. Dieses Bild – und darauf kommt es jetzt an! – soll eben keine Abbildung Ihrer Zielvorstellung sein. Bleiben wir einmal bei dem Beispiel von eben: Wenn Sie abnehmen wollen, stellen Sie sich gerade keinen schlanken Körper vor. Ein Bild, das Sie sogleich frustriert, weil Sie ja – noch – nicht schlank sind. Mit einem bloßen Bild vom Ziel, wie schlank, wie glücklich, wie erfolgreich Sie einmal sein werden, reagieren Sie möglicherweise innerlich sofort mit Bemerkungen wie «Das klappt doch nie!» oder zumindest «Ja, aber …!» und öffnen somit dem Frust Tür und Tor.

Ein gut gewähltes Zielbild liefert Ihnen ein bedingungslos positives Gefühl. Sie können sofort aufatmen, wenn Sie das Bild vor Ihrem inneren Auge sehen. Sie fühlen sich gelöst und unbeschwert. Das Bild stößt Türen auf und macht den Weg frei auf Ihrer Zielstrecke. Mit einem solchen Zielbild können Sie richtig durchstarten.

Tanja hat so ein Bild schließlich gefunden. Welches, erfahren Sie gleich noch.

Nein heißt Nein und nicht Ja

Claudia Schmidt, eine 35-jährige PR-Agentin, schiebt schon seit einiger Zeit einen guten Vorsatz vor sich her. Zum Jahresbeginn hatte sie sich vorgenommen, im Job nicht immer zu allem Ja zu sagen. Sich auch einmal zu wehren und abzugrenzen.

Mitte des Jahres lerne ich Claudia kennen. Um ihre Situation zu erklären, erzählt sie mir von ihrem letzten Arbeitstag:

«Mein Vorhaben, auch mal Nein zu sagen, ist ein Vorhaben geblieben. Stellen Sie sich vor: Wer hat heute Jaaa!, gesagt, als mein Kollege Stephan jemanden für die Gestaltung des Flyers suchte, der morgen Mittag in Druck gehen soll? Dieser Jemand bin jetzt ich, weil ich das Ja-Sagen so gut kann, obwohl ich eigentlich genug auf dem Schreibtisch liegen habe. Was nützen mir eigentlich die guten Vorsätze? Nicht zu allem Ja zu sagen war mein Ziel. Warum kann ich mit diesem Ziel im Kopf nicht so handeln, wie ich handeln will? Ich verstehe das nicht …» Claudia war sauer auf sich selbst. Wieder hatte sie sich etwas aufs Auge drücken lassen.

Dem Entschluss, das Nein-Sagen zu lernen, geht eine schleichende Unzufriedenheit voraus. Der Verdacht, dass man sich zu viel aufhalst, lauert irgendwo im Bauch. Wir sagen Ja, obwohl wir Nein fühlen. Der Wächter im Bauch, der uns Nein sendet, bekommt «einen vor den Bug». Erschallt das Nein zu häufig in unserem Bauch, ohne beachtet zu werden, kann das zu Bauchschmerzen führen. Eine langfristige Widersprüchlichkeit führt gelegentlich zum Magengeschwür. Aber dazu neigen eher Männer. Frauen schlagen Dissonanzen eher aufs Gemüt.

Claudia braucht jetzt mehr als den bloß rationalen Entschluss, sich zu ändern. Mit jedem Ja bleibt sie in bekannten Gewässern. Das erste bewusste Nein kann die Wende bewirken. Bei den ersten Malen des Nein-Sagens wird sie möglicherweise Gegenwind zu spüren bekommen, weil sie aus der Rolle der netten Kollegin, der man alles Mögliche zuschieben kann, ausbricht. Um die linke Waagschale, auf der «Rollenerfüllung und Beliebtheit» liegen, in Balance zu halten mit der rechten, auf der «Nerven und Kraft» liegen, gilt es die Seiten auszugleichen. Wir nehmen links ein bisschen «Rollenerfüllung und Beliebtheit» weg und gewinnen rechts «zwei, drei Nerven» dazu. Jedes Ja hat also seinen Preis und seine Konsequenz. Und jedes Nein auch. Claudia hat sich dafür entschieden, die linke Waagschale zu erleichtern und auf die rechte etwas draufzugeben.

Wir nehmen Claudias Ziel genau unter die Lupe. Vor allem fragen wir, woran sie wird messen können, dass sich ihr Verhalten in Richtung ihres Ziels bewegt. Bei der Frage «Was wollen Sie stattdessen?» platzt der Knoten. Statt «Ich will nicht immer zu allem Ja sagen» formuliert Claudia für sich das realistische Ziel «In der nächsten Situation im Job, wenn mein Bauch Nein signalisiert, werde ich auch Nein sagen». Claudia ist begeistert von dem Vorschlag, dieses reizvolle Ziel mit einem stärkenden Zielbild zu verbinden. Sie weiß nur leider spontan keines, das zu diesem Ziel passt. Kein Problem. Wir machen uns gemeinsam auf die Suche und werden ein Bild finden!

Die richtigen Zielbilder finden

Ich gehe mit Claudia an der Alster spazieren. Wir sind auf Bildersuche, deshalb ist ein Fotoapparat Pflicht. Jederzeit aufmerksam sein, um im richtigen Moment den Auslöser zu drücken, darauf kommt es jetzt an. Die körperliche Bewegung bringt kreative Ideen in Fahrt und wirkt sehr entspannend. Auch an Ihrem Wohnort werden Sie tolle Plätze und somit hervorragend motivierende Motive finden!

An der «Alsterperle», einem sehr netten Bistro, findet Claudia dann plötzlich das passende Motiv für ihr Zielbild. «Da ist es!», ruft sie laut – und strahlt dabei übers ganze Gesicht. Was sie fotografiert? Die Schaukel neben der Alsterperle mit Blick auf die Außenalster. Was das mit Nein-Sagen zu tun hat? Nichts. Genau! Eben deshalb ist es ein kraftvolles Zielbild: Das bewegte Wasser, die Kirchtürme in der Ferne, eine Schwanenfamilie, ein kleines blondes Mädchen auf der Schaukel, ihr Schwung der Alster entgegen. Das kribbelige Gefühl im Bauch kennen wir alle noch aus der Kinderzeit, als wir auf einer Schaukel saßen. Knips! Mit diesem stimmungsvollen Foto verbindet Claudia jetzt ihr positives Ziel: Wenn ihr Bauch Nein fühlt, wird sie mit einem Nein reagieren und sich so gegen Überlastung schützen. Dabei wird ihr das Foto helfen. Sie wird es täglich ansehen und Kraft daraus schöpfen.

Was hat Claudia hier getan? Sie hat einfach eine starke emotionale Verbindung mit dem Ziel hergestellt. Diese bekräftigte Zielgerichtetheit lässt dem Vorhaben, Nein zu sagen, Taten folgen. Und genau wie Claudia können Sie es auch machen. Die Methode kennen Sie jetzt schon!

Beim nächsten Treffen berichtet Claudia begeistert von ihren Erfolgen. «Die Schaukel, das Mädchen, der Schwung, das ganze Bild gibt mir Kraft, es erinnert mich auf so angenehm unaufdringliche Weise daran, auf mich Acht zu geben.» Ihr hat es unheimlich gut getan, auf den Bauch zu hören, und sie war erstaunt darüber, wie wohl sie sich mit dem Nein und mit ihrer klaren Abgrenzung gefühlt hat.

Und welches Zielbild hat Tanja, die Anwältin, schließlich gewählt? Tatsächlich hat sie zwei Zielbilder für ihr Doppel-Ziel, Selbstständigkeit und Abnehmen, gefunden. Sie hat sich einmal für einen «Blick auf die Elbe» entschieden, und zwar in Form einer echten Momentaufnahme, fotografiert während eines ausgedehnten Spaziergangs, den sie bewusst allein gemacht hat. Dieses Bild ist ihr Zielbild Nummer eins geworden. Erste mögliche Kanzleien hat sie sich bereits angesehen und ist in Verhandlung mit verschiedenen Maklern.

Ihr Körpergewicht – ihr Ziel war es ja, zehn Kilo abzunehmen – hat momentan an Wichtigkeit verloren. Stattdessen hat Tanja ein weiteres Zielbild gefunden, eine Aufnahme aus dem letzen Urlaub in Irland. Dieses Zielbild erinnert sie täglich an ihr zweites, jetzt aber neu definiertes Ziel: «Ich gehe einmal in der Woche walken.» So gewinnt Tanja langsam ein positives Körperbewusstsein zurück und hat Lust, etwas für sich zu tun, ohne sich von Ausflüchten ablenken zu lassen.

Ungeeignete Zielbilder demotivieren

Vielleicht kennen Sie das: Eigentlich wollten Sie regelmäßig zum Sport gehen. Oder häufiger ein gutes Buch lesen. Oder sich öfter bei Ihren alten Freundinnen melden. Aber es kommt nicht dazu, weil die Bilder, die Sie damit verbunden haben, mehr abschrecken als anziehen. Der innere Film zum Beispiel, den Sie unbewusst mit dem Vorhaben, regelmäßig Sport zu treiben, verbinden, zeigt möglicherweise eine der folgenden Szenen: das aufwändige Packen der Sporttasche, die leidige Parkplatzsuche vor dem Fitnessstudio oder den Blick auf Ihre ruinierte Frisur im Spiegel. Der Text zum Film: «Ach, ich habe mir erst heute Morgen die Haare gewaschen. Sie jetzt schon wieder zu waschen und zu fönen ist lästig.»

Ist es nicht erstaunlich, wie zuverlässig diese Bilder funktionieren? Die Motivation geht sofort in den Keller. Ihre Frage «Warum verliere ich bloß so schnell die Lust?» ist damit schon beantwortet. Eine meiner Coachees versteht sich hervorragend darauf. Der Gedanke, dass sie möglicherweise keinen Parkplatz bekommen könnte, ist für sie ein schlagendes Argument, erst gar nicht loszufahren. Diese Sorge hat sie häufig formuliert und in unterschiedlichsten Situationen vorgebracht. Das ist zu einer Art eigener Wahrheit geworden. Für diese Frau gibt es eigentlich nirgendwo Parkplätze; nur einer ist ihr ganz sicher, und der ist vor der eigenen Haustür.

Die Vorstellung, dass ein Vorhaben mit einem als unangenehm bewerteten Begleitumstand einhergeht, bremst die Lust, in Aktion zu treten. Geschäftsführer von Fitnessstudios profitieren von Frauen mit der genannten Dusch- und Haarproblematik. Sie bleiben dem Studio fern – und bezahlen trotzdem regelmäßig ihre Beiträge. Solche Kundinnen muss man lieben! Bei mancher Frau gibt es kein Entrinnen vor dem Frust. Siegt das Argument «Ich habe mir erst heute Morgen die Haare gewaschen und will meine Frisur erhalten!», ist sie frustriert, weil dann der Gedanke «Eigentlich müsste ich zum Sport, weil die Mitgliedschaft im Sportstudio Geld gekostet hat!» sie quält. Hat das Argument «Ich muss zum Sport, weil die Mitgliedschaft im Sportstudio Geld gekostet hat!» Vorrang, rührt der Frust daher, dass die Frisur den Bach runtergeht. Ein Minus kommt dabei heraus, wie sie es auch dreht und wendet.

Ein Zielbild ist kein Abbild vom Ziel

Ein Zielbild ist völlig unabhängig davon, wie das Ziel am Ende aussehen wird. Wenn ich mich an meinen Computer setze mit dem Ziel, ein Buch zu schreiben, könnte ich mir ja ein Buch vorstellen mit meinem Namen darauf, das in einer Buchhandlung dekorativ präsentiert wird. Das wäre dann ein konkretes Bild, das ich mir vom Ziel mache.

Jetzt werden Sie vielleicht sagen, das sei doch ein motivierendes Bild. Ich sage: Nein, das ist niemals motivierend genug. Was ist, wenn ich einen schlechten Tag habe, meine Texte langweilig finde und das Schreiben unendlich mühsam? Kann mich in solch einer Situation das Bild von einem Buch motivieren, an meinem Projekt weiterzuarbeiten? Das Bild von einem Buch weckt in mir vielleicht Gedanken an den umfangreichen Entstehungsprozess. Dieser könnte mir unendlich erscheinen und mich somit demotivieren.

Der springende Punkt ist: Ein Bild, das ich mir von einem erreichten Ziel mache, soll meinen inneren Motivator beflügeln. Es genügt nicht, meinen Ehrgeiz anzusprechen. Das Bild von einem fertigen Buch weckt auch in mir treibende Gedanken – aber leider mindestens genauso viele bremsende Gedanken.

Eine Analogie dazu ist «Engelchen und Teufelchen». Die beiden sitzen mir auf jeweils einer Schulter und flüstern vehement ihre Meinungen ins linke beziehungsweise rechte Ohr. Am Ende gewinnt, wer rhetorisch mehr Punkte sammelt. Und so schreibe ich das Buch weiter, wenn das Engelchen die besseren rationalen Argumente gefunden hat. Oder ich mache etwas anderes Wichtiges, wenn das Teufelchen durch überzeugendere Rede hat punkten können. Wer solchen inneren Dialogen entkommen möchte, sollte dem Teufelchen einfach keine Bühne bieten. Das schaffen Sie nur, wenn Sie sich Zielbilder suchen, die vom Ziel als solchem abgekoppelt sind und bei denen Aspekte wie Zeit, Aufwand und Disziplin nicht relevant sind. Dann wird das Teufelchen keinen Auftritt haben. Wenn es um Überlegungen geht, die auf ein Entweder-Oder hinauslaufen, kennt sich das Teufelchen gut aus. Hier wartet es mit guten Argumenten auf, um Sie zu bremsen, aufzuhalten und zu entmutigen. Zielbilder, die mit Ihrer Intuition übereinstimmen und kein Wenn und Aber zulassen, sind unheimlich wirksam. Auf zauberhafte Art bekommen Sie Schwung und halten den Kurs auf Ihre Ziele.

Geeignete Zielbilder motivieren nachhaltig

Motive, die für Veränderung und Aufbruch stehen, sind besonders hilfreich. Wählen Sie Motive, die Ihnen uneingeschränkt gute Gefühle bereiten. Ihrer Phantasie sind dabei keine Grenzen gesetzt! Suchen Sie in Fotoalben nach Bildern, die für Sie eine besondere Bedeutung haben. Mit Ihren großen und kleinen Zielen im Hinterkopf werden Sie intuitiv spüren, welche der Bilder und Orte Sie mit Ihren Zielen verbinden können. Falls Sie die geeigneten Bilder nicht finden, empfehle ich Ihnen, einen Ausflug zu unternehmen. Machen Sie sich möglichst allein auf den Weg und nehmen Sie einen Fotoapparat mit.

Emotional berührende Orte sind für uns häufig mit Wasser verbunden. Wasser fasziniert, es zieht uns magisch an. Der Blick aufs offene Meer befreit die Seele. Seen haben eine beruhigende Wirkung. Und der Besuch eines Hafens lässt manchen in Gedanken schon zu neuen Ufern aufbrechen. Ohne Wasser können wir nicht existieren, der menschliche Körper besteht zu 60 bis 70 Prozent aus Wasser, es ist unser wichtigstes Element. Und mehr noch, wir erfrischen uns mit Wasser, entspannen im Wasser. Wenn Kinder von Erwachsenen noch nicht vom Gegenteil überzeugt wurden, lieben sie das Spielen im Regen und springen mit Freude in Pfützen. Wenn wir unsere Ziele symbolisch mit Wasser verbinden, haben wir vom Wasser nicht nur einen physischen, sondern auch einen psychologischen Nutzen.

Mein Tipp: Verbinden Sie Ihre Ziele mit einem Bild von einem schönen Ort am Wasser! Mit einem Urlaubsfoto von Ihrer Lieblingsinsel, einem Bild von einem einsamen Bergsee oder dem stürmischen Atlantik.

Ich arbeite auch für mich selbst häufig mit der Zielbild-Methode. Mein Zielbild für die Entstehung dieses Buches ist ein Bild, das ich auf Fuerteventura gemacht habe. Auf dem Bild sehe ich Palmen, das Meer, den Himmel und das Profil meiner Tochter, die auf einer Liege sitzt und konzentriert in einem Heft malt. Ich liebe dieses Bild, und ich schaue es mir gerne täglich an. Meinem Zielwunsch habe ich so eine Gedächtnisstütze gegeben. Das Ergebnis halten Sie jetzt in der Hand!

Wenn Sie also das nächste Mal hören, jemand habe seine Ziele nie aus den Augen verloren, machen Sie sich bewusst: Ziele kann keiner sehen. Aber Sie wissen, wie Sie Ihre rationalen Ziele mit starken emotionalen Bildern verknüpfen können und wie sehr Ihnen das dabei hilft, Ihre Ziele auch tatsächlich zu erreichen. Mit dieser unschlagbaren Methode zeigen Sie sich selbst und Ihren Zielen gegenüber eine hohe Wertschätzung. Die tägliche kurze Bildbetrachtung hält in Ihnen die Bereitschaft zur Anstrengung wach, die nötig sein wird, um Ihren Wunsch Wirklichkeit werden zu lassen – um Ihr Ziel zu erreichen.

«Wireless-LAN» zum Bauch – Übung 6

Welche Bilder passen zu den drei spontanen Wünschen, die Sie am Ende des vierten Kapitels aufgeschrieben haben?

1. ______________________________

2. ______________________________

3. ______________________________

7 Wie Sie «Erfolgsverhinderer» aus dem Weg räumen

Um klar zu sehen, genügt oft ein Wechsel der Blickrichtung.

Antoine de Saint-Exupéry

Man nehme: eine Menge guter Ideen, eine Portion Mut, eine Prise Neugier, einen Hauch Glück und realistische Erwartungen – und gebe alles in einen Topf. Die Ziel-Suppe wäre bald fertig, gäbe es da nicht den vorwitzigen inneren Schweinehund, der die Herdplatte immer wieder abdreht, bevor der Erfolg so richtig aufkochen kann.

Es gibt viele Bücher, die sich mit dem inneren Schweinehund beschäftigen. Der Wunsch nach Anleitungen, wie man gegen den Schurken ankommt, scheint groß zu sein. Sicher haben Sie es auch schon öfter mit Ihrem inneren Schweinhund zu tun gehabt?

Die eine oder andere Strategie gegen die eigene innere Motivationsbremse haben Sie sicher auch schon getestet. Hat sich eine davon als besonders erfolgreich erwiesen? In diesem Kapitel ist die Aufmerksamkeit darauf gerichtet, was die Motivation und damit das Durchhaltevermögen beim Verfolgen von Zielen schwächen und was sie stärken kann.

Manchmal sind es scheinbare Kleinigkeiten, die Sie zurückhalten beziehungsweise Ihrem Vorwärtskommen im Wege stehen. Das Tückische am inneren Schweinehund ist, dass er mag, wenn Sie sich möglichst wenig bewegen und alles beim Alten bleibt. «Das ist doch ganz normal», meint er.

Der Falle des Wortes «normal» entkommen

Ziele sind herausfordernd und fördern die persönliche Entwicklung. Indem Sie sich Ziele setzen, eröffnen Sie sich Möglichkeiten, sich zu verändern und Ihr Leben positiver zu gestalten. Eigene Ziele aufzuspüren hat viel mit Ehrlichkeit zu tun.

Das «normale» Dasein als nicht befriedigend anzusehen und zu beklagen bringt Sie nicht unbedingt weiter. Hinter dem Gedanken «Dass ich nach der Arbeit keine Lust mehr habe, zum Sport zu gehen, ist ja ganz normal, ich bin eben müde» lauert ein sympathischer kleiner Selbstbetrug Ihnen auf. Ein Versuch, sich selbst zu beruhigen. Und eine vergebene Chance. Der Gedanke «Das ist doch normal» bedeutet Stillstand. Hinter «normal» verbergen sich nämlich unerkannte Wünsche und Ziele, die ein Vorankommen ermöglichen. Diese Wünsche ausfindig zu machen und zu benennen ist der erste Schritt, seiner Intuition auf die Ziele hin zu folgen der zweite.

Sind die Wünsche beim Namen genannt, hilft die Methode mit den Zielbildern, die Sie im vorigen Kapitel kennengelernt haben, diese Wünsche auch zu erfüllen. Das Zielbild ist unsere emotionale Gedächtnisstütze. Wenn Sie zum Beispiel mehr Sport machen wollen, werden Sie sich ein motivierendes Zielbild suchen, das nur positive Assoziationen im Zusammenhang mit dem Sporttreiben zulässt. Wenn Sie derart entschlossen und motiviert auf Ziele zugehen, lässt das Ihren inneren Schweinehund schrumpfen. Mit dem Argument, etwas sei «normal», lassen Sie sich dann nicht mehr aufhalten.

Alles Übungssache

Wissenschaftliche Studien können heute beschreiben, wie das Gehirn Erinnerungen ablegt. Das Denken soll ähnlich funktionieren.

Unser Gehirn braucht die Wiederholung, um schneller und effektiver zu funktionieren. Wiederholte Gedanken und Emotionen hinterlassen in unserem Gehirn erkennbare Spuren. Wichtig ist, die Ziele mit positiven Gedanken zu verbinden, die wiederum positive Gefühle hervorrufen. Die Verknüpfung von positiven Gedanken und Gefühlen mit Ihrem Ziel stellt wissenschaftlich nachweisbar eine große Motivationshilfe dar.

Das Denken hat einen starken Einfluss auf unser Verhalten. Positive Gedanken verhelfen zu eher aktivem und vorantreibendem Verhalten. Negatives Denken dagegen hält zurück oder blockiert. Wir erhöhen die Wahrscheinlichkeit, unsere Ziele zu erreichen, mit der Häufigkeit von positiven Gedanken, die wir auf das Ziel richten.

Ich kann auch anders!
Dies ist eine Übung zu Verhaltensalternativen, wenn Sie in eingefahrenen Verhaltensmustern feststecken und sich davon befreien wollen.
Beantworten Sie für sich folgende Fragen:
- Ärgern Sie sich häufig über die gleichen wiederkehrenden Situationen?
- Wie sehen die Situationen genau aus?
- Wie verhalten Sie sich?

Finden Sie die Definition Ihres Wunschverhaltens mit Hilfe der Königsfrage: Welches Verhalten wünsche ich mir stattdessen? So finden Sie eine Verhaltensalternative zum unerwünschten Verhalten. Indem Sie Ziel und Zielbild mental verankern, verlassen Sie langsam, aber sicher die Sackgasse des unerwünschten Verhaltens. Ihr Wunschverhalten bauen Sie mit Hilfe eines Zielbildes in das tägliche emotionale Training ein.
Erwarten Sie keine großen Sprünge, sondern viele kleine Fortschritte. Wir eignen uns unsere Verhaltensmuster schon sehr früh an, und sie haben sich tief eingeprägt. Das Aufbrechen

und Verändern dieser Muster dauert seine Zeit. Ihr Zielbild wird Sie begleiten und an Ihr gewünschtes Verhalten erinnern, so lange es nötig ist.

Die gute Nachricht und für mich die Quintessenz aus Stefan Kleins Glücksformel ist: «Gute Gefühle sind kein Schicksal – man kann und muss sich darum bemühen.» Man kann positive Gedanken trainieren und durch regelmäßige Übung zur positiven Gewohnheit werden lassen. Wir können lernen, unsere negative Gedanken und auch unsere negativen Verhaltensmuster schneller zu erkennen und ihnen Einhalt zu gebieten. Ein negativer Gedanke hat noch niemanden zur Höchstleistung motiviert. Der Glaube an ein bestimmtes Ziel, unterstützt durch ein emotional starkes Zielbild, kann Berge versetzen. Sie können lernen, Ziele zu erreichen und somit glücklicher zu werden. Es ist Übungssache!

Der Dalai Lama hat einmal gesagt: «Die eigentlichen Geheimnisse auf dem Weg zum Glück sind Entschlossenheit, Anstrengung und Zeit.»

Was das Glücksgefühl verursacht

Jetzt fragen Sie sich vielleicht: Warum funktioniert das mit den Zielbildern so gut? Ist das Esoterik? Nein. Wenn wir unsere Ziele erreichen, sind wir glücklich. Glücklich, weil wir selbst für unsere Zufriedenheit gesorgt haben und unsere Ziele im Herzen und nicht nur im Kopf hatten.

Der Jahreswechsel ist häufig der Zeitpunkt, an dem wir uns viele Dinge vornehmen. Wir setzen uns Ziele. Wie viele haben zum Jahreswechsel mit dem Rauchen aufgehört oder mit einer Diät begonnen? Es gibt gute rationale Gründe dafür, mit dem Rauchen aufzuhören, und ein bisschen weniger Speck auf den Rippen ist auch ein schöner Gedanke. Aber diese Gedanken tragen das erhoffte Ziel häufig nicht so lange wie gewünscht. Es gäbe sonst sicher keine Raucher mehr! Das Denken unterstützt die Zielerreichung weniger als das Fühlen.

Für die guten Gefühle – wie sie von Zielbildern stimuliert werden – bekommen wir Unterstützung im Gehirn! Ich möchte Ihnen das Glückshormon Dopamin vorstellen. Dopamin macht Schluss mit dem inneren Schweinehund. Der kann dahin gehen, wo der Pfeffer wächst. Dopamin will uns glücklich sehen. Dopamin ist zusammen mit Serotonin für die guten Gefühle verantwortlich. Wie diese Botenstoffe und deren Gegenspieler, das Stresshormon Cortisol, in unserem Gehirn wirken, kann man sich wie ein Kräftemessen vorstellen. Natürlich haben alle Hormone ihre Daseinsberechtigung. Zu viele Stresshormone aber trüben die Stimmung. Die Glückshormone sollten dominieren, wenn es uns gut gehen soll. Durch positive Gedanken und Zielbilder, die uns positiv stimmen, können wir unseren Beitrag leisten und die Glückshormone auf den Plan rufen.

«Ja, aber …» und andere Ausreden

Wenn sich kein Erfolg einstellen will, ist es durchaus reizvoll, anderen dafür die Schuld in die Schuhe zu schieben oder irgendwelche Umstände dafür verantwortlich zu machen. Manchmal sieht man sich selbst einfach gerne als Opfer. Schuldzuweisungen und Einwände sind dann geniale Hintertürchen, um sich gemeinsam mit dem inneren Schweinehund aus der Verantwortung zu stehlen und nichts tun zu müssen: «Die anderen haben …», «Wenn ich jünger / älter / talentierter / erfahrener / selbstbewusster … wäre, dann, …», «Wenn ich mehr Geld / Zeit hätte, dann würde ich …», «Wenn das und das der Fall wäre, könnte ich …», «Ja, das könnte man machen, aber …», «Da müsste erst …, und dann …», «So ist es eben», «Da kann man nichts machen». Ausreden über Ausreden.

Ausreden und Ausflüchte erkennen Sie nur, wenn Sie zu sich selbst ganz ehrlich sind. Ausreden und Ausflüchte sind natürlich erst einmal bequem, deshalb will man sie manchmal auch gar nicht enttarnen. Bequemlichkeit ist ein großer «Erfolgsverhinderer» und führt meist zu unbefriedigendem Stillstand. In letzter Konsequenz spart Bequemlichkeit keine Energie, sondern kostet Energie. Denn Aufschieben erzeugt auf Dauer Stress. Nicht ins Handeln zu kommen und anstehende Dinge immer wieder aufzuschieben, belastet langfristig, auch wenn man sich vielleicht im ersten Moment entlastet fühlt. Ins Handeln zu kommen hingegen entlastet tatsächlich. Es geht also darum, die Dinge zu tun, die Sie sich vorgenommen haben. Kurzum: Übernehmen Sie die Verantwortung für das, was Sie tun wollen, und packen Sie es an!

Eine alte Volksweisheit lautet: «Was du heute kannst besorgen, das verschiebe nicht auf morgen!» Und, wie so häufig bei den Volksweisheiten, ist hier etwas Wahres dran!

Wider den Konjunktiv

Es lohnt sich, auf den eigenen Wortschatz zu achten. Einzelne Redewendungen werden häufig unbedacht gebraucht, obwohl sie unterbewusst eine unglaublich bremsende Wirkung haben. Streichen Sie doch nach und nach alle unnötigen Konjunktive aus Ihrem Wortschatz:

- Ich sollte eigentlich …
- Ich könnte vielleicht …
- Ich müsste mal …
- Ich würde ja, wenn …
- Es wäre gut, wenn …

Entscheiden Sie sich für klare Aussagen: «Ich kann», «Ich will», «Ich werde», ohne Wenn und Aber.

Machen Sie sich Ihren Sprachgebrauch bewusst

Ihr Sprachgebrauch ist Ihnen so vertraut und selbstverständlich, dass Sie ihn wahrscheinlich selten oder gar nicht hinterfragen. Kaum jemand achtet bewusst auf die eigene Wortwahl. Dabei ist das, was wir sagen, und wie wir es sagen, ein weites Feld für vielfältige Entdeckungen. Roswitha Defersdorf, eine anerkannte Trainerin für Sprache, hat sich intensiv mit unbewussten Redewendungen, die unsere Sprache prägen, auseinandergesetzt. Sie kommt zu dem Schluss, dass es die Sprache der «Zögerer», der «Macher», der «Anführer», der «Visionäre», der «Opfer», der «Hektiker», der «Erfolglosen» und der «Erfolgreichen» und so weiter gibt.

Ihre Sprache spiegelt Ihre unbewussten Gedanken und Ihre Haltung wider. Wie Sie sich ausdrücken, gibt etwas über Sie preis – Sie können sich nicht verstecken.

Es ist hilfreich, auf die eigene Sprache zu achten. Wie drücken Sie sich aus? Was kommt zum Ausdruck? Was verrät Ihre Sprache über Sie? Wie wirkt Ihre Sprache auf Sie selbst und auf andere? Eine sehr aufschlussreiche Übung frei nach Defersdorfs hilfreichen Interventionen.

Welche Wörter benutzen Sie besonders häufig?
Achten Sie einmal ganz bewusst auf Ihre Wortwahl. Gibt es Wörter, die Sie nicht besonders mögen und dennoch häufig benutzen? Zum Beispiel «müssen», «Problem», «eigentlich», «immer», «nie», «grundsätzlich», «normal» ...
Wenn Sie die Liste der Wörter fertiggestellt haben, nehmen Sie sich jeden einzelnen Begriff vor:

- Sagen Sie das Wort bewusst und laut und wiederholen Sie es mindestens dreimal.
- Welche Wirkung hat dieses Wort auf Sie?
- Achten Sie eine Woche lang bewusst darauf, wie häufig Sie das Wort benutzen.

- Versuchen Sie eine Alternative zu finden. Was könnten Sie stattdessen sagen?
- Testen Sie die Wirkung des alternativen Wortes.
- Üben Sie sich im Einsetzen der gefundenen Alternativen. Übung macht den Meister!

Folgendes Beispiel aus meiner Coachingpraxis zeigt, wie nützlich es sein kann, dem eigenen Sprachgebrauch Aufmerksamkeit zu schenken:

Sandra Suter ist 42 Jahre alt und arbeitet bei einem großen Energieversorger als Niederlassungsleiterin. Sie hat einen überaus vollen Terminkalender und steht täglich stark unter Druck. Während unseres Coachings fällt mir auf, das sie das Wort «müssen» («Ich muss ...») häufig benutzt. Ihr ist dies bis dahin überhaupt nicht bewusst gewesen. Ich bitte sie daher, bis zu unserem nächsten Termin aufmerksam zu sein und festzustellen, wie häufig sie «Ich muss» sagt.

Sandra achtet drei Wochen lang sehr bewusst darauf, und ihr fällt selbst auf, dass «Ich muss» phasenweise in jedem Satz vorkommt. Während des darauffolgenden Coachingtermins berichtet sie:

Wenn sie mit ihrer Assistentin die Tagesplanung bespricht, hört sie sich selbst sagen: «Ich muss nachher in zwei wichtige Besprechungen. Ich muss mir gleich die überarbeiteten Berichte anschauen. Ich muss mit dem Vorstand am Vormittag einige wichtige Fragen besprechen. Am Nachmittag muss ich dann in die Projektbesprechung. Ich muss heute mal rechtzeitig Feierabend machen.» Die Planung für den Feierabend klingt nicht anders: «Ich muss mit Michael in den neuen Film von Tarantino. Davor muss ich noch meine Schwiegermutter abholen. Und für das Abendbrot muss ich mir auch noch etwas einfallen lassen!»

Sandra erschrickt geradezu über diese Häufung von «müssen». Sie spürt den Druck, den sie sich selbst damit macht. Dieser Druck multipliziert sich mit dem Druck, der sowieso schon da ist. Und sie erkennt, welchen Druck sie auf andere ausübt. Sie ahnt nun, warum sich vor allem ihre Assistentin und ihre Mitarbeiter, aber auch ihr Mann und ihre Töchter von ihr oft unter Druck gesetzt fühlen. Diese Einsicht motiviert sie, auf ihren eigenen Sprachgebrauch vermehrt zu achten.

Mit bewusster Aufmerksamkeit gelingt es ihr immer besser, andere Formulierungen zu gebrauchen.

Neuausrichtung mit Thekla

Sandra Suter entwickelte für sich eine Gedächtnisstütze nach dem Thekla-Prinzip:

- treffsicher → «Ich darf», «du darfst», «er/sie darf», «wir dürfen».
- humorvoll → «Ich muss mal aufs Klo.»
- emotional → «Meine schlafende Katze ist mein Zielbild.»
- klug → «Weniger ‹muss› sorgt für mehr Spaß.»
- lösungsorientiert → «Druck minus ‹muss› ergibt weniger Druck.»
- authentisch → «Ich kann auch dürfen und können.»

Durch den humorvollen Aspekt im Thekla-Prinzip gelang es Sandra immer besser, den verbalen und emotionalen Druck langsam abzubauen und deutlich entspannter zu kommunizieren. Sie konnte sogar mit den täglichen Anforderungen sichtlich besser umgehen. Besonders gefiel ihr die Arbeit mit ihrem Zielbild. Ihre schlafende Katze erinnerte sie daran, zu entspannen. Durch die Entspannung war es für sie immer leichter, kreative Lösungsansätze zu finden, die ihr vorher vor lauter «müssen» nicht in den Sinn gekommen waren. Sie fühlte sich innerlich zunehmend ruhiger und konnte dadurch effizienter arbeiten. Sandras Umfeld reagierte sehr positiv auf ihren neuen Umgangston und unterstützte so ihre Veränderung.

Sandras oben genannte Sätze könnten nach der bewussten Veränderung zum Beispiel so lauten:

«Ich habe nachher zwei wichtige Besprechungen. Ich werde mir gleich noch die überarbeiteten Berichte anschauen. Ich will mit dem Vorstand am Vormittag einige wichtige Fragen besprechen. Am Nachmittag nehme ich an der Projektbesprechung teil. Ich mache heute mal rechtzeitig Feierabend. Ich freue mich darauf, mit Michael in den neuen Film von Tarantino zu gehen. Davor hole ich noch meine Schwiegermutter ab. Und für das Abendbrot wird mir auch noch etwas einfallen!»

Worte schaffen Wirklichkeit

Wenn Sie bewusst auf Ihr eigenes Sprechen – und das Sprechen ist Ausdruck des Denkens! – achten, werden Sie sich vielleicht wundern, wie oft Sie selbst «müssen», «müssten», «würden», «sollten», «könnten» oder «normal» sagen. Nehmen Sie es möglichst mit Humor und Gelassenheit, denn so können Sie Ihren Sprachgebrauch mit Leichtigkeit verändern. Sich vorzunehmen, «ich müsste wirklich mal weniger ‹müssen› sagen», wird voraussichtlich wenig nützen. Eine nützliche und wirksame Übung ist es, ein «Ich muss heute noch meine Mutter anrufen» in ein «Ich werde heute noch meine Mutter anrufen» zu verwandeln. Machen Sie mit?

- Sprache und Denken bedingen sich gegenseitig. Ihre Sprache lenkt Ihr Denken und Ihr Denken lenkt Ihre Sprache. Es ist wie eine Spirale. Diese Spirale können Sie durchbrechen.
- Negative Sprache → negatives Denken → negative Sprache → negatives Denken → …
- Negative Sprache → negatives Denken || Thekla-Prinzip → positivere Sprache → positiveres Denken → …

Sprache hat eine besondere Qualität. Sprache dient nicht nur dem Informationsaustausch. Sprache leistet weitaus mehr. Jedes Wort entfaltet eine Wirkung. Es wirkt auf einen selbst und auf die anderen, mit denen man spricht. Sie gestalten sich Ihre Wirklichkeit durch Ihr

Denken und Ihr Sprechen. Die Sprache ist somit auch ein Hebel, um sich in kleinen Schritten zu verändern. Streichen Sie gewisse Worte, die Sie bremsen und demotivieren, nach und nach aus Ihrem Wortschatz, es wird eine ungeahnte Wirkung haben!

Mit steigendem Bewusstsein für die Sprache und ihre Wirkung, können Sie Ihre Kommunikation klarer und positiver gestalten. Das Wort Kommunikation stammt aus dem Lateinischen, «communicare» bedeutet «gemeinsam machen». In dieser ursprünglichen Bedeutung ist mit Kommunikation eine soziale Handlung gemeint, in die mehrere Menschen einbezogen sind. Es ist also sinnvoll, darüber nachzudenken, inwieweit die eigene Kommunikation dem Gemeinschaftlichen, dem Miteinander dient.

Überlegen Sie doch auch einmal, ob Sie selbst so mit anderen sprechen, wie Sie es sich von anderen wünschen. Wenn Sie selbst weniger die Worte mit negativer Wirkung und mehr die Wörter mit positiver Wirkung benutzen, hat dies irgendwann eine Wirkung auf andere Menschen und färbt im positiven Sinne ab.

Sie können jederzeit damit beginnen, auf Ihre persönliche Sprache zu achten. Wenn eine bewusst positive Sprache Ihr Ziel ist, beginnen Sie am besten mit einem konkreten Schritt und finden Sie noch heute heraus, wie häufig Sie zum Beispiel «Ich muss» sagen.

Zu dem gehäuften Gebrauch dieses Hilfsverbs noch eine kleine Anekdote:

Als ich durch meinen eigenen Lernprozess für die Wörter «muss» und «müssen» sensibilisiert war, fiel mir nicht nur mein eigener Sprachgebrauch auf, sondern ich bemerkte auch überall in meiner Umgebung, wie häufig diese Wörter benutzt werden.

Beim Einkaufen in einem großen Elektronikfachgeschäft befand ich mich in einer wahren «Muss-Flut». Ich suchte nach einem Wegwerf-Unterwasser-Fotoapparat und fragte die erste Verkäuferin danach. Ihre Antwort: «Ich bin nicht zuständig, da *müssen* Sie meine Kollegin dort hinten fragen!» Okay. Die Kollegin riet mir: «Die Wegwerf-Fotoapparate sind entweder im dritten oder vierten Gang. Sie *müssen* selbst mal schauen, ich *muss* erst diesen Kunden bedienen!» Okay. Die Fotoapparate waren ausverkauft. Ich fasste den Entschluss, noch einmal eine Frage zu stellen: «Wann werden die Fotoapparate wieder geliefert?» Die Antwort der Kollegin vom Informationsstand lautete: «Da *müssen* Sie nächste Woche noch einmal nachfragen!»

Okay! So weit, so klar. Die Welt ist voll von *muss* und *müssen*. Eins wurde mir dabei sehr klar: Ich *muss* gar nichts!

«Wireless-Lan» zum Bauch – Übung 7

Welche drei Wörter haben Sie identifiziert, auf deren Gebrauch Sie in den nächsten drei Wochen verstärkt achten wollen?

1. ______________________________

2. ______________________________

3. ______________________________

8 Die sieben Glücksbringer für den Weg zum Ziel

Wer kann was Dummes, wer was Kluges denken,
das nicht die Vorwelt schon gedacht.

Johann Wolfgang von Goethe

Hegen Sie auch den Traum vom Glück? Wenn Sie im Rahmen Ihrer eigenen Möglichkeiten genau die Ziele erreichen, die Sie sich vorgenommen haben, sind Sie sicher auf einem guten Weg dahin. Für diesen Weg gibt es eine Glücksformel: Genießen Sie intensiv die kleinen Dinge des Lebens!

Wenn Sie dieser Formel folgen, dem Leben neugierig und positiv begegnen, sich über die kleinen Erfolge und die erreichten Zwischenziele freuen, verhalten Sie sich ziemlich schlau. Die vielen kleinen erfreulichen Momente erfüllen ein Leben nach Meinung aller Glücksforscher mehr als die großen Ereignisse. Glück ist nichts Schicksalhaftes, Glück ist etwas, was Sie sich erschließen!

Dieses Kapitel liefert Ihnen sieben «Glücksbringer», die Ihnen dabei helfen können, «dranzubleiben» an den eigenen Zielen. Diese sieben Glücksbringer beziehungsweise Glücksregeln entstammen der sogenannten Positiven Psychologie. Die Positive Psychologie ist eine vor allem in den USA verbreitete moderne akademische Disziplin mit der Zielsetzung, die guten Aspekte des menschlichen Miteinanders zu erforschen. Dabei stellt sie Lebensthemen wie Glück, Optimismus, Geborgenheit und Vertrauen in den Vordergrund.

Glücksbringer Nummer eins: Aktivität

Die erste Regel lautet: Seien Sie aktiv! Die Vertreter der Positiven Psychologie sind davon überzeugt, dass das Geheimnis von Freude und Glück in einem aktiven Leben liegt. Sie suchen Kriterien, die erfüllt sein müssen, damit Menschen glücklich sind. Und sie haben herausgefunden, dass Aktivität ein wichtiges Kriterium ist.

Menschen brauchen regelmäßige körperliche und geistige Bewegung. Bewegung steigert das Selbstvertrauen, kann Angstgefühle lindern, wirkt gegen Niedergeschlagenheit und fördert positive Gefühle.

Ich lehre das Fach Kommunikationspsychologie an der Hochschule für Angewandte Wissenschaften in Hamburg. Die Studenten schreiben bei mir jedes Semester eine Klausur. Mein Seminar findet in der sechsten Etage statt. Für den Tag der Klausur empfehle ich den Studierenden, die sonst allesamt mit dem Aufzug zum Seminarraum fahren, die Treppe zu nehmen. Begeisterung ernte ich für diesen Vorschlag nie, das kann ich Ihnen verraten!

Und dennoch, wer der Empfehlung folgt und die zig Stufen heraufgestiegen ist, erscheint im Seminarraum zwar leicht außer Atem, jedoch wesentlich konzentrierter als diejenigen Studenten, die sich mit Croissant und Kaffee bewaffnet in den Aufzug gestellt hatten. Bewegung fördert die Konzentration, denn das Gehirn belohnt sich selbst für erfolgreiche körperliche Anstrengung mit der Bildung von neuen Neuronen. Wer die Treppe nimmt, spinnt sein neuronales Netz! Mit frischen Neuronen lässt sich eine Klausur natürlich viel konzentrierter schreiben als mit Fett und Koffein.

Gönnen Sie sich täglich ein paar Neuronen!

Bewegung hebt die Laune

Wenn Sie sich bewegen, schüttet das Gehirn vermehrt das Hormon Serotonin aus. Zudem erwärmen sich die Gliedmaßen, und der Puls wird beschleunigt.

Nehmen Sie einfach jede Treppe, die sich Ihnen bietet!
Eine halbe Stunde Bewegung täglich genügt völlig. Denken Sie daran: Zu hoch gesteckte Ziele führen zu Frustration und sind häufig das Ende aller guten Vorsätze.
Schon nach einer kleinen Anstrengung entspannen sich die Muskeln und Sie fühlen sich automatischer wohler. Das Gehirn produziert positive Gefühle.

Aktivität ist natürlich nicht nur Sport und körperliche Bewegung. Aktivität heißt auch, sich neugierig auf Neues einzulassen. Etwas zu planen, etwas vorzuhaben, etwas erreichen zu wollen und neue Dinge auszuprobieren, dies sind gute Vorraussetzungen für erfreuliche Überraschungen und Glücksmomente.

Glücksbringer Nummer zwei: Soziale Bindungen

Neue Dinge auszuprobieren macht in Gemeinschaft häufig doppelt Spaß. Gemeinsame Ziele, gemeinsame Erlebnisse und Geborgenheit sind wichtige Glücksfaktoren. Nach der Positiven Psychologie gibt es kaum eine dauerhaftere Glücksquelle als familiäre Bindungen und echte Freundschaften. Wie jede Beziehung muss auch eine Freundschaft gepflegt werden.

Hier könnte Sie möglicherweise ein schlechtes Gewissen plagen. Pflegen Sie Ihre sozialen Kontakte ausreichend? Hindert Sie tatsächlich Zeitmangel daran, sich bei einer guten Freundin zu melden? Oder ist das nur vorgeschoben?

Check Ihrer sozialen Bindungen
- Mit welcher Freundin haben Sie am meisten Spaß?
- Mit welcher Freundin teilen Sie traurige Momente?
- Gibt es in Ihrem Freundeskreis einen Energieräuber?
- Warum halten Sie an Energieräubern fest?

- Bekommen diejenigen die nötige Wertschätzung, die sie auch verdienen?
- Wie viele interessante Menschen haben Sie dieses Jahr kennengelernt?
- Wie häufig werden Sie eingeladen?
- Laden Sie gerne ein?

Wenn Sie in einem engen sozialen Netzwerk leben, stehen Sie mit Nöten und Sorgen nicht allein da, sondern finden Halt und Unterstützung. Das ist Gold wert!

Glücksbringer Nummer drei: Konzentration

Wirklich im «Jetzt» zu bleiben, erfordert zielgerichtete Konzentration. Sind Sie wirklich gedanklich bei der Sache, die Sie gerade tun, oder sind Sie mit den Gedanken schon woanders und in der Zeit davor oder danach? Dann bringen Sie sich darum, den gegenwärtigen Moment zu genießen.

Beim andauernden geschäftigen Planen kann die Konzentration auf den Moment schon mal verloren gehen. Grund genug, immer mal wieder ganz bewusst innezuhalten und einen Gang runterzuschalten.

Können Sie genießen?
- Genießen Sie Ihr Essen oder lesen Sie dabei die Zeitung?
- Genießen Sie eine Pizza oder denken Sie an die Kalorien?
- Können Sie aufmerksam zuhören oder schauen Sie ungeduldig auf die Uhr?
- Lesen Sie konzentriert ein Buch oder läuft dabei Musik?
- Genießen Sie den Augenblick in der Natur oder machen Sie stattdessen ein Foto?

Je intensiver Sie sich auf die Dinge konzentrieren, die Sie gerne tun, umso mehr steigt der Genuss und umso mehr kommen Sie innerlich zur Ruhe. Zur Erinnerung: Sie sind nicht Multitasking-fähig!

Glücksbringer Nummer vier: Realistische Erwartungen

Realistische Erwartungen bewegen sich logischerweise immer im Bereich des Möglichen. Ihre Erwartungen sollen Sie zwar herausfordern, aber nicht überfordern. Falls Sie sich selbst zu viel zumuten, geraten Sie unter Druck und empfinden Stress. Bei einer Unterforderung hingegen entsteht häufig Langeweile. Das Optimum vermeidet also Überforderung ebenso wie Unterforderung.

Bei realistischen Erwartungen geht es immer darum, einzuschätzen, ob Sie durch Ihr Tun Ihre Ziele erreichen können. Wenn Sie zum Beispiel unvorbereitet in ein wichtiges Gespräch hineingehen und sich mental nicht gut eingestimmt haben, dann ist es eine unrealistische Erwartung, mit dem besten Ergebnis zu rechnen. Da hilft dann häufig nur glauben und hoffen: «Obwohl ich mich nicht vorbereitet habe, hoffe ich, dass mir die richtigen Argumente einfallen werden. Ich glaube, dass das Gespräch trotzdem erfolgreich verläuft.» Realistische Erwartungen beziehen sich immer auf Ihre Handlungen, Ihre Fähigkeiten und Ihren Willen.

Check Ihrer Erwartungen

- Wie werden Sie sich beruflich in den nächsten drei Jahren entwickeln?

Im besten Fall: ______________________________

Im schlechtesten Fall: ______________________________

– Was sind Ihre drei konkreten und realistischen beruflichen Vorhaben?

1. ____

2. ____

3. ____

Ob man das Glück erreicht, hängt zu einem großen Teil davon ab, was man erwartet. Dabei hilft es, sich selbst sehr gut zu kennen und die eigenen Kompetenzen einschätzen zu können. Daraus resultieren realistische Erwartungen.

Glücksbringer Nummer fünf: Gute Gedanken

Neulich traf ich eine Kollegin am Flughafen. Sie sah umwerfend gut und glücklich aus. Genau das habe ich ihr auch gesagt. Sie antwortete mir: «Ich bin zwar gerade nicht glücklich, aber ich habe mir heute vorgenommen, so zu tun, als ob ich es wäre, und offenbar funktioniert es!» Der springende Punkt ist, dass Sie zumindest in einem gewissen Rahmen frei über Ihre Gedanken entscheiden können. Sie bewerten die Ereignisse in Ihrem Leben. Die eigene Bewertung ist der Hebel!

Sie können trainieren, sich deutlich häufiger und länger mit positiven Dingen zu beschäftigen als mit negativen. Ich frage Sie: Beschäftigen Sie sich selbst eher mit traurigen Umständen? Oder gelingt es Ihnen, dem Leben vor allem das Gute abzugewinnen?

Sind Ihre Gedanken überwiegend positiv?

– Von welchem negativen Erlebnis erzählen Sie immer wieder?
– Wie viele negative Erlebnisse fallen Ihnen spontan ein?

- Von welchem positiven Erlebnis erzählen Sie immer wieder?
- Wie viele positive Erlebnisse fallen Ihnen spontan ein?
- Was bereuen Sie in Ihrem Leben?
- Worauf sind Sie wirklich stolz?

Was können Sie auf Ihrem Stimmungsbarometer ablesen? Welche der Fragen waren für Sie einfacher zu beantworten? Sie erahnen sicher schon, welche Gedanken bei Ihnen routinierter ablaufen. Ist es für Sie vertrauter, vom Positiven zu berichten? Oder liegt Ihnen das negative Erlebnis auf der Zunge? Sie können jetzt damit beginnen, bewusst den positiven Gedanken mehr Platz in Ihrem Denken einzuräumen.

Bedenken Sie bitte dabei: Gedankenkontrolle ist keine Lehre, die man sich einmal anhört und umgehend beherrscht – positiven Gedanken mehr Raum zu geben erfordert Disziplin und Übung. Gute unterstützende Methoden sind Yoga und Meditation. Aber glauben Sie mir: Positive Gedanken zu üben funktioniert. (Es sei denn, es liegt eine Depression vor, bei der die traurigen Gedanken grundlos übermächtig werden.) Und das erfolgreiche Üben wird durch Glücksgefühle reichlich belohnt!

Glücksbringer Nummer sechs: Gelassenheit

Das Leben ist nicht nur schön, es gibt Umstände und Situationen – Schicksalsschläge, Unfälle, Krankheiten und Tod –, die einen völlig zu Recht verzweifeln lassen. Gelassen mit einem Unglück umzugehen kann keine Empfehlung sein. Es ist wohl eher eine Kunst.

Jedoch beweisen Menschen, die schwierige Zeiten durchlebt oder nach Schicksalsschlägen neuen Mut geschöpft haben, dass Krisen etwas Positives mit sich bringen können. Manche Rückschläge führen zu Neuanfängen, die sich später als vorteilhaft erweisen. Manche Menschen werden erst durch eine Krise gelassener und lernen, den Moment zu leben und zu genießen.

Eine Seminarteilnehmerin erzählte mir von ihrer Krebserkrankung und einem neuen, besseren Lebensgefühl, das sie trotz der Angst vor dem Tod hatte.

Gelassenheit im Unglück?

- Welche Krisen gab es in Ihrem Leben?
- Wie haben Sie die schwierigste Phase in Ihrem Leben überwunden?
- Wovor haben Sie am meisten Angst?
- Das Aussprechen von Befürchtungen trainiert die Gelassenheit im Umgang mit Ängsten und regt konstruktive Gedanken und Ideen an.

Glücksbringer Nummer sieben: Arbeit

Meine Freundin ist Oberärztin auf der Station für Innere Medizin. Sie liebt ihren Job und sie ist eine hervorragende, anerkannte und sehr beliebte Chefin. Sie arbeitet Vollzeit im Krankenhaus. Eine 50-Stunden-Woche ist eher die Regel als die Ausnahme. Sie ist verheiratet, hat zwei Kinder und ein Haus im ständigen Umbau. Ihr Tag ist zu 120 Prozent ausgefüllt und sie ist glücklich! Sehr glücklich und zufrieden sogar. Sie trägt in ihrem Job eine sehr hohe Verantwortung und ihre Familie trägt sie im Herzen.

Meine Freundin jammert nie. Sie liebt alles, was sie tut! Einmal bin ich ihrem Glücksgeheimnis auf die Spur gekommen. Im letzten Sommer rief ich eines Abends bei ihr an. Besonders einfühlend sagte ich zu ihr: «Du musst ja total kaputt sein, nach deinem harten Arbeitstag in der Klinik, mit den beiden erkälteten Kindern zu Hause und eurer Dauerbaustelle im Haus!?» Mein Freundin antwortete mir:

«Ach, ich sehe gerade, meine Tomaten im Garten sind richtig rot geworden. Ich glaube, davon mache ich mir gleich ein Tomatenbrot.»

Menschen, die in ihrem Beruf anerkannt werden und positives Feedback bekommen, haben so viel Freude an der Arbeit, dass sie viel weniger Stress empfinden und auch ein großes Arbeitspensum als weniger belastend wahrnehmen. Arbeit lässt uns aktiv sein, und Aktivität ist, wie Sie inzwischen wissen, der Glücksbringer Nummer eins.

Freude durch Arbeit?

- Sind Sie mit Ihrem Beruf zufrieden?
- Haben Sie den Beruf ergriffen, den Sie sich schon als Kind gewünscht haben?
- Würde auch ein anderer Beruf zu Ihnen passen?
- Haben Sie Freude während Ihrer Arbeit?
- Wenn nicht, was verhindert oder stört die Freude?
- Empfinden Sie Ihre Arbeit als sinnvoll?
- Fühlen Sie sich zu einem Job «berufen»?

Die meisten Menschen verstehen unter Glück einen Zustand, der einen überkommt wie schönes Wetter. So funktioniert Glück aber nicht. Glück ist eine Folge persönlicher Anstrengung. Man muss danach streben, dafür arbeiten und sogar darauf bestehen.

Lernen Sie sorgsam mit sich selbst umzugehen, kümmern Sie sich um Ihren Körper und Ihre Psyche, Ihre Gesundheit und Ihren Geist. Dies sind wirklich einmal sinnvolle Vorsätze, die Sie Tag für Tag erneuern sollten.

«Wireless-LAN» zum Bauch – Übung 8

Welche drei der sieben Glücksbringer «leben» Sie bereits auf Ihrem Weg?

1. ____________________

2. ____________________

3. ____________________

Rückblick auf den zweiten Teil

Sie haben erfahren, dass der weibliche Plan Ihnen besonders auf der emotionalen Ebene hilft, Ihre Ziele zu verfolgen. Können Sie die vorgestellten Prinzipien – von treffsicher über humorvoll, emotional und klug bis hin zu lösungsorientiert und authentisch – gut für sich anwenden? Gibt es etwas, das Ihnen daran besonders gefällt?

Damit Sie Ihre Ziele nicht aus den Augen verlieren, habe ich Ihnen die Zielbildmethode vorgestellt. Sie wissen jetzt, dass Sie Ihre Ziele mit positiven Bildern verbinden können, die Sie bedingungslos motivieren. Sind Ihre Ideen nur so gesprudelt? Waren Sie schon mit dem Fotoapparat unterwegs?

Es war mir außerdem wichtig, Ihnen den engen Zusammenhang zwischen Ihren Gedanken und Ihren Gefühlen darzustellen. Haben Sie schon damit begonnen, sich im positiven Denken zu üben? Haben Sie sich mit Ihrem Sprachgebrauch beschäftigt und etwas entdeckt, das Sie leicht verändern können?

Sieben Glücksbringer habe ich Ihnen mit auf den Weg gegeben. Fühlen Sie sich nun gut genug gerüstet, um an Ihren Zielen dranzubleiben?

Teil III: Das Bekommen

9 Die Erfolge warten außerhalb der Komfortzone!

Viel zu viel Wert auf die Meinung anderer legen ist ein allgemein herrschender Irrwahn.

Arthur Schopenhauer

Soll ich – soll ich nicht? Entscheidungen im Privatleben und im Beruf fallen nicht immer leicht. Mit manchen Entscheidungen gehen Sie ein Risiko ein oder Sie müssen sich Kompetenzen zutrauen, derer Sie sich nicht zu hundert Prozent sicher sind.

In diesem Kapitel geht es um das Verlassen der Komfortzone. Das kann sich als ein Erfolg herausstellen oder als ein Fehler. Es geht um richtige Entscheidungen und Fehlentscheidungen, um Erfolge und Misserfolge, um mögliche Fehler und vor allem um die Möglichkeiten, aus Fehlern zu lernen.

Den Schritt aus der Komfortzone heraus zu wagen heißt: Etwas zu tun, obwohl Zweifel (berechtigte oder unberechtigte) vorhanden sind. Dabei bewegen Sie sich zwischen Angst und Hoffnung. Auf der einen Seite steht die Angst, sich falsch zu entscheiden, einen Fehler zu machen, zu versagen, die Anerkennung zu verlieren. Auf der anderen Seite steht die Hoffnung, richtig zu entscheiden, Erfolg zu haben, Annerkennung zu finden und die Zuversicht «Es wird schon alles gut gehen».

Bei solch schwierigen Entscheidungen ist ein guter Rat viel wert, häufig lohnt es sich jedoch, vorher in sich selbst hineinzuhorchen, auf die eigene Intuition zu hören (siehe auch Kapitel 3).

Dazu folgendes Beispiel: Für Ute Müller begann nach dem Abschluss ihres zweiten Studiums eine entmutigende Zeit. Sie schrieb eine Bewerbung nach der anderen. Doch während die Germanistin und frischgebackene Diplom-Psychologin nachts bei der Post Briefe sortierte, tagsüber Jacken im Versandhaus verpackte und Touristen durch die Hamburger Speicherstadt führte, landeten immer nur Absagen in ihrem Briefkasten. Kein potenzieller Arbeitgeber wollte Ute Müller zu einem Bewerbungsgespräch einladen.

Nach einem Jahr gab es Ute auf, eine Stelle als Diplom-Psychologin zu suchen. Sie spielte mit dem Gedanken, eine Banklehre zu beginnen. «Was willst du denn bei der Bank? Willst du dort etwa Kunden therapieren?», fragte ein guter Freund. Zuerst war Ute deprimiert und wollte den Gedanken wieder verwerfen. «Bewirb dich doch einfach gleich um eine richtige Stelle bei der Bank, eine Ausbildung brauchst du doch nicht, du hast doch studiert – nur Mut!», riet eine Freundin. Genau das fühlte Ute auch in ihrem Innersten und fasste den Mut, entsprechend zu handeln. Ute bewarb sich, setzte sich durch und absolvierte erfolgreich ein Traineeprogramm. Heute arbeitet sie als Vermögens- und Baufinanzierungsberaterin bei einer Bank und ist zufrieden mit ihrer Entscheidung.

Verfehlte Ziele machen Platz für neue Ideen. Dazu brauchen Sie aber Mut und die Fähigkeit, loszulassen.

Am besten können Sie sich auf Ihre Intuition verlassen, wenn Sie bereits zahlreiche Erfahrungen gesammelt haben, wenn Sie schon einmal «ins kalte Wasser gesprungen» sind, etwas gewagt haben, selbstbewusst Entscheidungen getroffen haben. Dann können Sie auf ausreichende Erfahrungen zurückgreifen und Ihrer Intuition viel selbstverständlicher vertrauen.

Das Tröstliche bei jeder Entscheidung ist, dass es kein Leben ohne Fehlentscheidungen gibt. Sie können leider nicht im Voraus wissen, ob Sie sich gerade richtig oder falsch entscheiden. Doch Sie können gewiss sein: Auch Fehlentscheidungen bringen Sie weiter!

Hätte Ute Müller an ihrem eigentlichen Ziel, als Diplom-Psychologin zu arbeiten, festhalten sollen? Oder war der Abschied von ihrem Fachgebiet die richtige Entscheidung? Was erst richtig erscheint, erweist sich später vielleicht als falsch. Es gibt keine Garantie!

Heute ist Frau Müller froh über ihre Entscheidung. Vielleicht kommt irgendwann der Zeitpunkt, an dem sie darüber nicht mehr glücklich ist. Dann steht eine neue Entscheidung an. Es lohnt sich nicht, über eine Entscheidung in der Vergangenheit zu grübeln, es sei denn, Sie können Schlüsse daraus ziehen, um eine neue Entscheidung sicherer zu fällen.

Konstruktive Analyse einer «Fehlentscheidung»

Bei dieser Analyse geht es darum herauszufinden, wie es zur Fehlentscheidung kam, um etwas daraus zu lernen:

- Was genau habe ich falsch eingeschätzt?
- Was hat mir gefehlt, um eine richtige Entscheidung treffen zu können?
- Was habe ich nicht bedacht?
- Was darf ich künftig nicht vergessen?
- Was kann ich beim nächsten Mal besser machen?
- Welchen Anteil hatten Ratgeber an der Fehlentscheidung?
- Was genau werde ich trainieren?

Sie lernen aus den Fehlern der Vergangenheit und gewinnen einen lösungsorientierten Blick für zukünftige Entscheidungen. Zusätzlich stärken Sie Ihre Intuition durch rationale Betrachtung und Reflexion. Nutzen Sie den Lerneffekt dieser Analyse!

Warum fällt es gerade Frauen schwer, zu entscheiden? Die meisten Frauen scheuen das Risiko, sie haben Angst vor negativen Erfahrungen. Erinnern Sie sich? Frauen handeln intuitiv eher sicherheitsorientiert. Nach Fehlentscheidungen und Fehlern haben Frauen mehr mit negativen Gedanken und Glaubenssätzen zu kämpfen: «Ach, hätte ich doch bloß nicht …», «Was soll's, ist doch normal!», «Ich wusste doch: Das geht nicht», «Ich kann das einfach nicht», «Das wird sowieso nichts», «Das bringt alles nichts».

Statt sich selbstbewusst und mutig zu entscheiden, weichen Frauen häufig vor der Entscheidung zurück, beginnen zu grübeln und lassen sich entmutigen. Das Gehirn spult dabei eingeübte negative Denkmuster ab. Mit jedem neuerlichen Ausweichmanöver übt das Gehirn negative Glaubenssätze, und die graben sich umso tiefer ein.

Das Drei-Zonen-Modell

Das «Drei-Zonen-Modell» veranschaulicht elementare Zusammenhänge menschlichen Verhaltens in Bezug auf das Lernen und die persönliche Weiterentwicklung. Es kommt ursprünglich aus der Erlebnispädagogik und wird besonders häufig im Change Management angewendet. Es besteht aus drei konzentrischen Ringen.

Im Innersten befindet sich die sogenannte Komfortzone, die man auch als Sicherheitszone bezeichnen kann. In der Komfortzone haben Sie es buchstäblich gemütlich, alles ist Ihnen vertraut, Sie fühlen sich heimelig. Bildlich gesprochen ist es die Zone direkt am Kamin. Sie brauchen diese Zone – jeder braucht diese Zone – sozusagen als emotionales Basislager. Aber: Diese Zone ist begrenzt, in ihr bewegt sich nicht viel. Würden Sie sich ausschließlich in dieser Gefühlszone aufhalten, würden Sie sich kaum weiterentwickeln.

Wachstum und Entwicklung ist nach diesem Erklärungsmodell in der Lernzone möglich, die die Komfortzone als Ring umgibt. Dort probieren Sie Neues aus, hier nehmen Sie Chancen und Herausforderungen wahr, hier haben Sie den Mut zur Lücke. In dieser Zone lauert auch das Risiko. Durch Ihren Mut können Sie tolle Erfolge feiern, aber auch ernsthaft scheitern. In der Lernzone liegen demnach die Erfahrungsspielräume, in denen es sowohl zu positiven als auch zu negativen Erfahrungen kommen kann.

Die dritte Zone in diesem Ringmodell ist die Panikzone. Während die Lernzone eine erwünschte Zone ist, weil sie Weiterentwicklung und neue Erfahrungen ermöglicht, ist die Panikzone unerwünscht. Diese Zone wird erreicht, wenn die Risiken zu groß und damit unüberschaubar werden, wenn Sie eine Situation wirklich falsch eingeschätzt haben und dadurch in Panik geraten. Kennen Sie das?

Eine Coachingteilnehmerin erzählte von ihrem wiederkehrenden Traum: Sie befindet sich in diesem Traum in einem unglaublich riesigen Parkhaus. Ihre zweijährige Tochter sitzt im Kindersitz im Auto und schläft. Sie läuft durch das Parkhaus und sucht einen funktionierenden Parkautomaten, um zu bezahlen, sie wechselt dabei mehrmals die Etagen. Nach und nach überfällt sie das Gefühl von purer Panik – sie irrt schließlich verzweifelt durch die Parkschluchten, rast panisch die Etagen hoch und runter und findet ihr Auto mit ihrer Tochter nicht wieder. Dieser Traum ist fürchterlich, und sie ist froh, wenn sie daraus erwacht.

Das heißt, in die Panikzone sollten Sie im wahren Leben möglichst selten hineingeraten – und sich schon gar nicht lange darin aufhalten. Wenn Sie sich bedroht fühlen und in Panik geraten, sind Sie wesentlich wachsamer als sonst. Das hat die Natur so eingerichtet, damit Sie in kritischen Situationen und bei echten Gefahren schnell reagieren können. Aufgepeitscht wird das Panikgefühl durch Stresshormone wie Cortisol. Sie sind bereit zum Angriff oder zur Flucht und Ihr Körper ist in Aufruhr. Es ist also sinnvoll, dafür zu sorgen, dass Panikzustände die absolute Ausnahme bleiben.

Mit Mut in die Lernzone

Der Schritt in die Lernzone bedeutet vielfach einen gewissen Stress, aber keine Panik. Risiko und Chance halten sich hier die Waage, neue Möglichkeiten tun sich auf.

Heike Kraft ist 38 Jahre alt und arbeitet in der Personalentwicklung bei einem großen Mobilfunkanbieter. Sie bekommt ein tolles Angebot. Ihr Chef möchte, dass sie ein wichtiges Change-Management-Projekt leitet. Es geht um die komplette Umstellung des Kundeninformationssystems. In dieses Projekt sind große Unternehmensberatungen involviert. Sie soll die Projektsteuerung für den Bereich Technik übernehmen. «Eine echte Herausforderung beziehungsweise Überforderung!», wie sie befürchtet.

An der Uni war Projektmanagement ihr Schwerpunkt- und Lieblingsthema im Rahmen ihres BWL-Studiums. Sie kennt sich theoretisch damit aus, aber so große Projekte wie das anstehende kennt sie nicht einmal theoretisch, geschweige denn praktisch. Sie bekommt es mit der Angst zu tun. Bisher hat sie ihren Job gut gemacht, hat vornehmlich kleinere technische Personalentwicklungsprojekte betreut, alles überschaubare Aufgaben.

Dieses Projekt wäre ein Sprung «ins kalte Wasser» und würde zugleich einen Karrieresprung bedeuten. Sie wäre Leiterin und bekäme mindestens sechs Mitarbeiter zugewiesen. Ihr Chef traut sowohl ihr als auch ihrem Kollegen Ralf Schmitt diese Projektleitung zu. Sie soll sich entscheiden, ob sie sich dieser Aufgabe gewachsen fühlt. Andernfalls würde ihr Chef Ralf Schmitt dafür zu gewinnen versuchen.

Was für eine Entscheidung! Heike fühlt ein Kribbeln im Bauch und Herzklopfen und gleichzeitig die Angst zu versagen.

Gegen die Versagensangst

Es macht häufig Angst, die Komfortzone zu verlassen. Es ist ein großer Schritt, weitreichende Entscheidungen zu treffen und Herausforderungen anzunehmen. Wie schon gesagt: Die Angst vor Veränderungen ist in Ordnung, Panik aber gefährlich. Hier gilt es sorgfältig zu prüfen, in welche Zone man sich begibt.

Als externe Trainerin war ich gerade beauftragt, Führungskräfte für dieses Unternehmen im Rahmen der modularen Fortbildung zu Coaches auszubilden. «Die Führungskraft als Coach» lautete das Seminarthema. Heike Kraft war Teilnehmerin dieses Moduls. Sie fragte mich in meiner Rolle als Trainerin um Rat.

Statt einen Rat zu geben, stellte ich ihr folgende Frage: «Mal angenommen, Sie finden den für Sie persönlich richtigen Weg und kommen zu einer Entscheidung, die zu Ihnen passt und zu der Sie stehen können. Wie würden Sie die Kriterien für ihre Entscheidung nach dem Thekla-Prinzip formulieren?

Wir hatten im Seminar das Thekla-Prinzip besprochen, und ich bat sie, entsprechende Aussagen als emotionale Gedächtnisstütze zu formulieren. Sie schrieb folgende Sätze auf:

- treffsicher → «Ich packe es an mit innerer Überzeugung.»
- humorvoll → «Ralf Schmitt wird mein liebster Mitarbeiter.»
- emotional → «Die Stufen zum Schloss Sanssouci hinauf werden mein Zielbild.» (Dort war sie am Wochenende gewesen.)
- klug → «Ich lerne dazu und komme weiter.»
- lösungsorientiert → «Ralf gewinne ich als meinen engen Berater.»
- authentisch → «Ich will auch Karriere machen.»

Nachdem Heike die Sätze für eine offensichtlich positive Entscheidung – also für die Projektleitung – formuliert hatte, bat ich sie, Sätze für eine Entscheidung gegen die Herausforderung zu formulieren.

Das Formulieren dauerte wesentlich länger. Sie fand folgende Sätze:

- treffsicher → «Ich mache weiterhin das, was ich gut kann.»
- humorvoll → «Trubel, Trubel ohne mich – juchuuh!»
- emotional → «Ich sitze sicher auf meinem Schreibtischstuhl.»
- klug → «Ich mache keine Fehler.»
- lösungsorientiert → «Ralf ist besser, ich kann ihm zuarbeiten.»
- authentisch → «Ich finde es auch gut, wie es ist.»

Besonders spannend und aufschlussreich war es, Heike bei beiden Aufgaben zu beobachten. Beim Formulieren der ersten Variante war sie energiegeladen und strahlte durch Gestik und Mimik Zuversicht aus. Beim Formulieren der zweiten Variante (für den Erhalt des Status quo) wirkte sie angestrengt. Ich spiegelte ihr meine Wahrnehmung, ohne diese zu werten.

Durch die Frage und das Formulieren der Sätze war Heike in der Lage, Chancen und Risiken für beide Handlungsoptionen intuitiv zu prüfen. Die erwünschte Zielausrichtung wurde für sie emotional spürbar (Energie wurde frei), und der Entschluss, es wagen zu wollen, nahm langsam Gestalt an. Die Angst zu versagen ist dadurch nicht verschwunden, aber wesentlich kleiner geworden. Auch bei dieser Entscheidung gibt es leider keine Garantie, dass alles gut gehen und Heike ihren Job gut machen wird. Es werden nicht nur Erfolgsgeschichten geschrieben!

Es gibt niemanden außer Ihnen selbst, der über Ihre Ideen und Konzepte entscheiden sollte. Es geht nicht um Mut um jeden Preis, aber um die richtige Portion Mut, das Vertrauen in sich selbst. Hinterher möglicherweise festzustellen, dass man sich falsch entschieden hat, ist ärgerlich, aber schlimmer ist es, etwas gar nicht erst gewagt zu haben.

Die Chancen-Risiko-Methode
Immer wenn Sie vor einer wichtigen Entscheidung stehen und sich eine intuitive Antwort erhoffen, empfehle ich die Chancen-Risiko-Methode.
Dafür erstellen Sie eine Tabelle und schreiben in die linke Spalte Argumente, die für etwas sprechen, und die vermuteten Chancen. In die rechte Spalte schreiben Sie Gegenargumente und vermutete Risiken. Diese Liste schafft einen rationalen Überblick. Lassen Sie die Liste eine Weile auf sich wirken. Erst danach ist eine intuitive Entscheidung zu empfehlen.

Mut zur Lücke

Wie war das eigentlich mit den Merkmalen einer männlichen Strategie zur Zielerreichung? Zur Erinnerung: Ein großer Vorteil der Männer ist ihre Risikobereitschaft (in Kapitel 5 nachzulesen). Männer trauen sich in der Regel mehr zu und schreiben sich auch Kompetenzen zu, die vielleicht nur im Ansatz vorhanden sind. Frauen trauen sich vielfach weniger zu, lassen sich schneller einschüchtern und gehen aus Sicherheitsgründen oft einen Schritt zurück. Um Neuland zu betreten, muss man etwas ausprobieren, es wagen – am besten ohne den Anspruch, perfekt zu sein.

Finden Sie Perfektion gut? Streben Sie Perfektion an? Machen Sie sich klar: Perfektionismus ist auf jeden Fall ein großer Energiefresser. Der Zwang, alles richtig zu machen, der Versuch, alles auszuschließen, was stören könnte, und der Drang, alles unter Kontrolle zu haben, sind geradezu Energieverschwender. Perfektionismus zerstört zudem jeglichen Humor. Detailverliebt wird der perfekte Auftritt, die perfekte Präsentation, die perfekte Dokumentation mit versteinerter Mine gedanklich mindestens hundert Mal durchexerziert. Die Wirkung von erreichter Perfektion ist leider häufig gar nicht so positiv wie erwartet. Oft sind es gerade kleine Unzulänglichkeiten, die jemanden sympathisch, interessant und erfolgreich machen.

Während einer Fortbildung, die ich besuchte, hatte ich vier verschiedene Trainer. Unterschiedlichere Persönlichkeiten kann man sich kaum vorstellen, mit jeweils dazu passenden Themenschwerpunkten. Der «Perfekte» unterrichtete Theorien und Tools, stets korrekt und trocken. Der «Motivierende» unterrichtete Zielthemen, immer positiv und animierend. Der «Ehrgeizige» brachte uns Marketingthemen näher – jedes Wort passte haargenau, alles straff und tough. Meinen Lieblingstrainer, den Experten für Teamentwicklung, fand ich so besonders liebenswert, weil er neben hoher Kompetenz authentisch und humorvoll auf mich wirkte – aber nie perfekt! An ihm gab es immer etwas zu entdecken. Entweder zeigten die Schuhe Spuren von Matsch, oder die Haare am Hinterkopf standen wüst ab, oder das Hemd war auf der einen Seite aus der Hose gerutscht. Er hockte sich gern und oft in die Mitte des Raumes und erzählte seine Geschichten, in der Hocke verweilend und sich die Hände reibend – eine herrlich unkonventionelle Art. In einer Trainerausbildung wäre er wahrscheinlich durchgefallen, aber bei diesem Trainer habe ich am meisten gelernt. Meine Aufmerksamkeit wurde durch positive Emotionen gesteigert. Er war übrigens bei allen Teilnehmern besonders beliebt, obwohl die anderen Trainer immer wie aus dem Ei gepellt aussahen und smart auftraten.

Wie würde wohl eine Frau als professionelle Trainerin wirken, wenn sie ungestylt aufträte, umgangssprachlich redete und sich so verhalten würde wie mein männlicher Lieblingstrainer? Was meinen Sie? Hätte eine Frau eine vergleichbar gewinnende Wirkung in ihrem unperfekten Auftritt?

Ich bin überzeugt: eher nicht! Für Männer und Frauen gelten nach meiner Beobachtung unterschiedliche Spielregeln. Äußerliche Nachlässigkeiten werden bei Frauen im Business eher als Fauxpas wahrgenommen. Und dies besonders in den Augen anderer Damen.

Bei Frauen, die etwas repräsentieren, schauen Frauen und Männer genauer hin. Wahrscheinlich übt gerade diese Tatsache auf viele Frauen einen hohen Druck aus und führt zum Drang nach Perfektion. Frauen sind dadurch stark gefährdet, unsympathisch, angespannt, hektisch, aufgeregt, übertrieben penibel, eben perfektionistisch zu wirken.

Oftmals wird die berühmte «gläserne Decke» als Ursache dafür genannt, dass Frauen in Spitzenpositionen immer noch eine Ausnahme sind. Der Begriff stammt aus den USA («glass ceiling») und bezeichnet eine unsichtbare Barriere für die weibliche Karriere. Es ist das Phänomen, dass viele hochqualifizierte Frauen beim Aufstieg innerhalb von Unternehmen nicht über die Ebene des mittleren Managements hinauskommen. Zum Phänomen der «gläsernen Decke» tragen die Unterschiede zwischen männlicher und weiblicher Kommunikation bei. Das Auftreten spielt dabei eine maßgebliche Rolle. Meist aus der Angst heraus, nicht gut genug zu sein, bringen Perfektionistinnen ständig Höchstleistungen und verlieren dabei leicht alles, was einen Menschen liebenswert macht.

Wider den Perfektionismus

- Lernen Sie die Wirkung Ihrer Stimme, Ihrer Mimik und Gestik kennen. Holen Sie sich dazu ein professionelles Feedback. Streben Sie keine Perfektion an, üben Sie sich stattdessen in Gelassenheit.
- Tauschen Sie hinderliche Glaubenssätze zum Thema Perfektion gegen hilfreiche Glaubenssätze ein. Lassen Sie sich dazu coachen oder lernen Sie durch Selbstcoaching.
- Beweisen Sie Mut zur Lücke. Sie müssen genauso wenig perfekt sein wie Männer.
- Lernen Sie mit den unterschiedlichen Spielregeln selbstbewusst umzugehen. Denken Sie an Win-Win-Situationen.

Aber vergessen Sie dabei nicht, dass auch Sie eine der Gewinner-Parteien sein wollen.

Frauen, die sich dauerhaft stark unter Druck setzen, können bald nicht mehr die volle Leistung bringen. Eine Abwärtsspirale beginnt. Während sich die Perfektionistin abstrampelt, wird ein weniger perfekter männlicher Kollege vielleicht sogar befördert. Frauen haben keine Chance, wenn sie versuchen, um jeden Preis besser zu sein. Teils sind sie besser, aber wirken nicht so. Mitarbeiter, die ein positives Image haben, werden eher befördert. Und das positive Image gründet nicht auf Perfektion.

Besser als Perfektion: Natürliches Selbstverständnis

Dazu ein treffendes Beispiel: Carmen Donner ist Brandmanagerin bei einem großen Unternehmen für Brillenfassungen. Sie vertritt unterschiedliche Marken des Unternehmens. Sie fühlt eine starke Konkurrenz zu ihrem männlichen Kollegen, Markus Blitz, der neben ihr andere Marken des gleichen Unternehmens betreut. Bei den Vertriebsveranstaltungen für die Händler geht es darum, Kaufimpulse zu wecken, um die Marke gut am Markt zu platzieren. Die Präsentation der Marken durch die Brandmanager ist daher besonders wichtig.

Die nächste große Vertriebsveranstaltung steht kurz bevor, eine sehr wichtige Veranstaltung mit großem Rahmenprogramm in Mailand. Der gesamte Vorstand wird anwesend sein. Die Umsatzzahlen im letzten halben Jahr sind stark zurückgegangen – besonders die Marken, die Carmen vertritt, sind eingebrochen. Ihre Präsentation ist daher besonders brisant. Und sie will den perfekten Auftritt.

Carmen lässt sich von ihrer Personalabteilung ein Einzelcoaching genehmigen, um diesen Auftritt zu trainieren. So kommt sie zu mir. Im Coaching arbeiten wir sowohl am Inhalt ihrer Präsentation als auch an ihrer Performance. Ein besonderes Augenmerk richten wir während des Coachings auf das Thema «Perfektionismus». Sie entwickelt dabei das Ziel, bei aller Professionalität und allem Ehrgeiz gelassen zu bleiben. Nicht das Konkurrenzgefühl darf sie bestimmen, sondern die Lust, andere zu überzeugen. Carmen formuliert folgende Gedächtnisstütze für ihr Ziel nach dem Thekla-Prinzip:

- treffsicher → «Ich werde meine Marken emotional präsentieren.»
- humorvoll → «In Mailand tragen selbst die Tauben meine Brillen.»
- emotional → «Eine Taube mit roter Brille ist mein Zielbild.»
- klug → «Ein souveräner Auftritt stärkt meine Position.»
- lösungsorientiert → «Ich muss nicht besser sein als mein Kollege, wir vertreten dasselbe Unternehmen!»
- authentisch → «Ich kann auch gelassen sein!»

Es geht Carmen um Erfolg. Sie will mit natürlichem Selbstverständnis an ihre Präsentation herangehen und trotz hoher Professionalität und hohem Anspruch weder ihren Humor noch ihren Charme verlieren.

Carmen rief mich noch von Mailand aus an und erzählte mir begeistert von der erfolgreichen Präsentation. Sie hat sogar das Bild mit der Taube als «Neugierwecker» in die Präsentation eingebaut. So hatte sie die Aufmerksamkeit schon von Anfang an auf ihrer Seite und fühlte sich entspannt und locker während des gesamten Auftritts.

«Wireless-LAN» zum Bauch – Übung 9

Wann haben Sie das letzte Mal Ihre Komfortzone verlassen? Nennen Sie drei Situationen.

1. ______________________________

2. ______________________________

3. ______________________________

10 Erfolg hat viele Gesichter

Wer vom Glück immer nur träumt, darf sich nicht wundern, wenn er es verschläft.

Ernst Deutsch

Auf eigenen Füßen stehen, Ideen leben und authentisch Ziele erreichen – das sind die gängigen Kriterien, die auf Erfolg hinweisen. Aber: Erfolg ist sehr individuell, jeder bewertet und empfindet etwas anderes als Erfolg. In diesem Kapitel werde ich Ihnen Anregungen geben, wie Sie noch mehr Freude am eigenen Erfolg entwickeln können.

Erfolg setzt sich aus zwei Komponenten zusammen. Auf der einen Seite messen Sie Erfolg rational, Sie bewerten ihn nach Ihren Erfolgskriterien, auf der anderen Seite sollten Sie Ihren Erfolg tatsächlich spüren. Das halte ich für unerlässlich.

Dazu folgendes Beispiel: Anita Müller hat mit zwei Kolleginnen für eine große deutsche Bank ein wichtiges und sehr erfolgreich verlaufenes Führungskräftetraining durchgeführt. Auf der Rückfahrt im Zug lassen die drei toughen Frauen im Bordrestaurant den Trainingstag Revue passieren. Anitas Kolleginnen gönnen sich ein schönes Glas Rotwein, sie wollen einfach ihren Erfolg genießen und entspannen. Anita möchte lieber den Trainingstag durchsprechen. Auch die kleinste Schwäche in der Performance will sie aufarbeiten. Sie bestellt sich ein Wasser und sagt: «Das war heute nicht schlecht. Aber wir können noch besser werden. Ich schlage vor, wir besprechen jetzt haargenau, was wir bei dem Trainingstermin nächste Woche noch perfekter machen können …»

Anita Müller ist eine ausgesprochen erfolgreiche Beraterin und Trainerin. Sie ist sehr gefragt und kann sich trotz der seit 2008 andauernden Wirtschaftskrise vor Anfragen kaum retten. Auch das Bankprojekt hat sie für sich und ihre Kolleginnen akquiriert. Anita weiß sehr wohl, dass sie erfolgreich ist. Sie kann es in ihrem tiefsten Inneren aber nicht spüren. Sie denkt immer daran, wie sie noch besser, noch genauer, noch hundertprozentiger werden kann. Was immer sie erreicht, sie ist nie zufrieden. Sie kann und will sich nicht erfolgreich fühlen, sie will immer noch mehr erreichen. Genau diese Eigenschaft, ihr Ehrgeiz, macht sie momentan beruflich besonders erfolgreich – jedoch gar nicht erfolgreich im Sinne von innerer Zufriedenheit.

Jede Eigenschaft braucht einen Ausgleich

So wie man einen Würfel aus verschiedenen Blickwinkeln betrachten kann und dadurch erst seiner sechs Seiten gewahr wird, so können Sie Eigenschaften und Verhaltensweisen von verschiedenen Seiten betrachten. Erst dann stellen Sie fest, dass keine Eigenschaft oder Verhaltensweise ausschließlich positive beziehungsweise ausschließlich negative Seiten hat. Ehrgeiz zum Beispiel hat etwas für sich: Er treibt an, bringt voran. Andererseits hat er seine Schattenseiten: Er kann zu Rastlosigkeit und Verbissenheit führen.

Das führt uns zu der Erkenntnis, dass jede Eigenschaft und jedes Verhalten nur dann eine konstruktive Wirkung im Leben entfaltet, wenn es auch einen Gegenspieler gibt. Das heißt, wenn es eine entgegengesetzte Eigenschaft beziehungsweise ein entgegengesetztes Verhalten gibt, das für Ausgleich sorgt.

Im Fall von Anita Müller ist es so, dass ihr Ehrgeiz so übermäßig ausgeprägt ist, dass sie nicht den Punkt erreicht, an dem sie mit einer Leistung zufrieden sein kann. Zufriedenheit ist demnach der Gegenspieler vom Ehrgeiz. Erst wenn Anita in der Lage ist, Zufriedenheit zu empfinden, wird sie ihren Ehrgeiz so dosieren können, wie es ihr wohl tut. Erst durch einen Gegenpol wird sie flexibel in ihrem Verhalten. Das Gegengewicht wirkt ausgleichend, es verhindert, dass Ehrgeiz zum Zwang wird. Jede Eigenschaft, jedes Verhalten hat positive Seiten, braucht aber auch einen Gegenpol, um nicht ins Negative umzuschlagen.

Wenn Sie sehr ehrgeizig sind, brauchen Sie das Potenzial, loslassen zu können. Wenn Sie sehr engagiert sind, sollten Sie Ihre Leistungsgrenzen kennen. Wenn Sie sehr humorvoll sind, sollten Sie auch ernst sein können.

Schauen wir uns noch einmal die Dynamik an: Ehrgeiz bringt Sie voran. Sie setzen sich immer wieder herausfordernde Ziele und streben mit Ausdauer diese Ziele an. Die Fähigkeit, zu entspannen und zufrieden zu sein, nimmt Druck von Ihnen und gibt positiven Emotionen den nötigen Raum. Zu viel Zufriedenheit wiederum würde den Antrieb schwächen und Sie träge machen. Es geht also immer um eine Balance zwischen beiden Polen.

Bei Anita Müller fehlt die Balance. Bei ihr ist die Zufriedenheit zu schwach ausgeprägt, um für den nötigen Ausgleich zu sorgen. Sie kann sich über ihre Erfolge nicht richtig freuen, sie nicht ausreichend wertschätzen. Das Gefühl, stolz auf die eigene Leistung zu sein, bleibt aus.

In dem beschriebenen Gefühlsdilemma befinden sich viele im Grunde erfolgreiche Frauen. Sie neigen dazu, ihre Leistungen zu schmälern: «Ach, das ist doch nicht der Rede wert!» Und sie machen die Wertschätzung ihrer eigenen Leistung vom Feedback anderer abhängig, statt einfach selbstbewusst stolz auf sich zu sein.

Bescheidenheit ist keine Zier

Während meiner Tätigkeit in der Personalabteilung eines großen Unternehmens habe ich einige Bewerbungsgespräche mit hochqualifizierten Bewerberinnen miterlebt. Standard im Bewerbungsverfahren ist die Darstellung der eigenen Stärken und bisherigen Erfolge. Es ist allgemein bekannt, dass Unternehmen solche Fragen stellen. Ziel der Fragen nach den Stärken ist es, herauszufinden, inwiefern die Kandidatin oder der Kandidat in der Lage ist, die eigenen Kompetenzen glaubwürdig und anhand nachvollziehbarer Beispiele darzustellen.

Sätze wie «Ich bin gut, weil ich ...!», «Ich kann ..., weil ...!», «Ich leiste etwas, weil ...!» habe ich von weiblichen Kandidaten selten gehört. Viel eher Folgendes: «Ich glaube schon, dass ich das eventuell könnte, weil ...», «Ein paar Einblicke habe ich bereits bekommen in ...», «Eigentlich bin ich gar nicht schlecht in ...».

Ja, Frauen nehmen sich gern zurück und stehen eher ungern zu ihren Erfolgen, zu ihren hervorragenden Kompetenzen und Erfahrungen. Dazu ein typisches Beispiel mit nicht ganz zufällig gewählten Namen:

Herr Labermann und Frau Bescheiden

Bernd Labermann ist 32 Jahre alt, Diplom-Jurist mit siebenjähriger Berufserfahrung. Er hat fünf Jahre in einer internationalen Unternehmensberatung zunächst als Junior Consultant, später als Consultant gearbeitet. Die letzten zwei Jahre war er als Controller in einer Versicherung angestellt.

Claudia Bescheiden ist 32 Jahre alt, Diplom-Juristin, mit siebenjähriger Berufserfahrung. Sie hat vier Jahre in der Personalabteilung eines mittelständischen Unternehmens gearbeitet und war die letzten drei Jahre Führungskraft in der Personalentwicklung bei einem großen Energieversorger.

Beide bewerben sich auf eine ausgeschriebene Stelle als Leiter der Personalabteilung in einer international tätigen Werbeagentur. Auf die Frage nach ihren Stärken und Kompetenzen antworten sie folgendermaßen:

Bernd Labermann stellt mit fester und sonorer Stimme seine

Kompetenzen dar: «Ich habe bereits erfolgreich internationale Projekte abgewickelt. Zum Beispiel das Projekt ... Meine Stärken liegen darin, diplomatische Lösungen zu finden, ohne dabei das Interesse der Firma aus dem Auge zu verlieren. In dem Projekt ... konnte ich dies beweisen. Ich bin der richtige Mann, wenn es darum geht, Personalprojekte nach vorne zu bringen ...»

Claudia Bescheiden stellt zaghaft und mit leiser Stimme ihre Kompetenzen dar: «Wie Sie meinen Bewerbungsunterlagen entnehmen konnten, bin ich nur Diplom-Juristin, ich habe das zweite Staatsexamen aus familiären Gründen damals nicht absolviert. Als Personalreferentin habe ich mit meinen Kolleginnen gemeinsam sowohl Personalentwicklungsprojekte als auch das Recruiting betreut. Als Teamleiterin der technischen Personalentwicklung konnte ich einige Erfahrungen sammeln und habe ein paar nicht ganz unwichtige internationale Projekte betreut ...»

Was nach beiden Präsentationen bleibt, ist der subjektive Eindruck, dass Herr Labermann deutlich kompetenter ist als Frau Bescheiden. Die Botschaften, die diese Kandidaten senden, interpretiert das Gegenüber. Vier Aspekte spielen dabei eine wichtige Rolle:

- Verständlichkeit (Kann die Person sich präzise ausdrücken?)
- Persönliche Transparenz (Ist die Person glaubwürdig?)
- Beziehungsebene (Kann die Person sich wertschätzend verhalten?)
- Ziel- und Lösungsorientiertheit (Kann die Person vermitteln, welche Ziele sie verfolgt?)

Der Kommunikationspsychologe Schulz von Thum unterscheidet vier Seiten einer Mitteilung. Dieses Kommunikationsmodell geht davon aus, dass in der zwischenmenschlichen Kommunikation immer vier Aspekte gleichzeitig im Spiel sind: Inhalt, Selbstkundgabe, Beziehungshinweise und Appell.

Ich will näher auf den Aspekt der persönlichen Transparenz – die Selbstkundgabe nach Schulz von Thun – eingehen.

Wie jemand etwas sagt, in welcher Körperhaltung, in welcher Lautstärke und in welchem Tonfall, all das gibt Aufschluss über die Person. Nicht nur, was gesagt wird, hat eine Wirkung, sondern eben auch, wie es gesagt wird. Gerade das kann entscheidend sein, wenn es um Erfolg geht.

Die Stimme hat eine Wirkung

Frau Bescheiden spricht zögerlich und leise – das hat eine Wirkung! Sie drückt mit der gesenkten Stimme, ohne es zu merken, Unsicherheit aus. Es entsteht und es bleibt ein dementsprechender Eindruck.

Sowohl die leise Stimme als auch eine besonders hohe Tonlage – diese Gefahr ist bei Frauen per se größer – wirken in wichtigen Gesprächen nachteilig. Eine hohe Stimme wirkt aufgeregt, unsouverän – und oft regelrecht nervtötend.

Mit Ihrer Stimme, der Lautstärke, der Tonlage und dem Tonfall, verschaffen Sie sich Gehör bei Ihrem Gegenüber. Wichtige Informationen bleiben womöglich völlig wirkungslos, wenn sie zu leise, in einer ungeeigneten Tonlage oder mit einer unpassenden Satzmelodie gesprochen werden und deshalb nicht richtig ankommen.

Testen Sie Ihre Stimme!

Lassen Sie sich zur Lautstärke und zum Tonfall Ihrer Stimme von jemandem eine Rückmeldung geben.

Bevor Sie in ein wichtiges Gespräch gehen – Bewerbungsgespräch, Gehaltsverhandlung, Konfliktgespräch oder eine andere Unterhaltung, in der Sie gut ankommen möchten – bitten Sie eine Person ihres Vertrauens um ein Feedback zu Ihrer Stimme.

Stellen Sie sich gut zwei Schritte von Ihrem Gesprächspartner entfernt auf und sprechen Sie so, wie Sie sonst in wichtigen

Unterredungen sprechen. Versuchen Sie sich quasi selbst zu imitieren.
Alles, was Sie sagen, sollte gut verständlich sein, und Ihr Gegenüber sollte Sie entspannt, ohne die Ohren zu spitzen, hören können. Kommt das, was Sie sagen, nicht bei ihm an, sind Sie zu leise. Weicht der andere zurück, sind Sie zu laut. Reagiert der andere mit Ungeduld, sprechen Sie zu hoch.

Die ideale Lautstärke ist den räumlichen Gegebenheiten und dem Abstand zwischen den Personen angepasst, die ideale Tonlage ist im mittleren Bereich, die ideale Satzmelodie ist abwechslungsreich und lebendig.

Experimentieren Sie mit Ihrer Stimme und achten Sie auf die unterschiedliche Wirkung bei Ihrem Gegenüber. Verstellen Sie sich nicht, aber nutzen Sie die Bandbreite, die Ihnen zur Verfügung steht, um an Überzeugungskraft zu gewinnen!

Die innere Einstellung entfaltet eine Wirkung

Claudia Bescheiden beginnt das Gespräch mit einer Entschuldigung: «Ich bin nur Diplom-Juristin, ohne zweites Staatsexamen.» Sie ist eigentlich aufgefordert, ihre Stärken zu präsentieren, beginnt jedoch mit einer Rechtfertigung. Im Ganzen wirken ihre Formulierungen einschränkend: «nur Diplom-Juristin», «einige Erfahrungen gesammelt», «ein paar nicht ganz unwichtige internationale Projekte». – Auch das hat eine Wirkung! Eine wenig überzeugende Präsentation bleibt als Gesamteindruck.

Mit welchem Selbstbewusstsein und welcher inneren Haltung Sie in eine schwierige Situation hineingehen, hat einen erheblichen Einfluss darauf, wie überzeugt und überzeugend Sie wirken und wie Sie die Situation meistern werden. Meist liegen der inneren Haltung Glaubenssätze zugrunde.

Für Frau Bescheiden scheint es ein wichtiges Thema zu sein, dass sie ihr Studium nicht «perfekt», nicht mit dem zweiten Staatsexamen abgeschlossen hat. In ihrem Unterbewusstsein ist eine unabgeschlossene «Baustelle» zurückgeblieben. Das Gefühl, sich rechtfertigen zu müssen, wird durch folgenden negativen Glaubenssatz hervorgerufen: «Ich werde es nicht schaffen. Ich habe es noch nie geschafft.»

Glaubenssätze erkennen und verändern

Verhaltensforscher interessieren sich schon lange für das Thema Glaubenssätze. In zahlreichen Untersuchungen wurde beobachtet, dass die Sätze, die man leise und oft sogar ganz unbewusst zu sich selbst «spricht», großen Einfluss auf die mentale Stimmung und auf das Selbstbewusstsein besitzen. Diese inneren Sätze sind tief im Unterbewusstsein verankert. Hier werden grundlegende Einstellungen geprägt, die Auswirkungen haben:

- Negative Glaubenssätze sind hinderlich für unser Vorwärtskommen, sie lösen ein Gefühl von Machtlosigkeit und Resignation aus.
- Positive Glaubenssätze fördern selbstbewusstes Handeln und wirken aktivierend.

Lernen Sie sich selbst besser kennen. Finden Sie heraus, welche Glaubenssätze Ihnen gut tun, welche Sie auf dem Weg zu Ihren Zielen unterstützen und welche nicht.

In sich hineinhören

Wenn Sie sich auf ein wichtiges Gespräch vorbereiten, sollten Sie in sich hineinhören:

- Welche Gedanken sind in Ihrem Kopf?
- Welcher Satz taucht immer wieder auf?

- Wird dieser Gedanke Sie bei der Erreichung Ihres Ziels stützen?
- Wird dieser Gedanke Ihr Gesprächsziel sabotieren?

Wenn Sie einen negativen inneren Satz erkennen, sollten Sie ihn in einen positiven Satz umformulieren. Ein negativer Glaubenssatz könnte lauten:
«Ich werde es nicht schaffen; ich habe es noch nie geschafft!»
Umformuliert könnte er lauten (eine Möglichkeit):
«Meine Stärken sind ... Diese Stärken werde ich zielgerichtet einsetzen.»
Umformulierte Glaubenssätze sind immer auf die betreffende Person und die individuelle Situation zugeschnitten. Formulieren Sie die Sätze so konkret wie möglich.

Wann immer Sie eine innere «Bremse» spüren, lohnt es sich, in sich hineinzuhören, um den dazugehörigen negativen Glaubenssatz – nichts anderes ist die «Bremse» – aufzudecken. Glaubenssätze wirken größtenteils im Unbewussten, genau das macht sie so machtvoll. Wenn es Ihnen gelingt, den Glaubenssätzen auf die Spur zu kommen, haben Sie den entscheidenden Ansatzpunkt für Veränderung gefunden.

Nehmen Sie sich ab und zu Zeit und denken Sie an typische Verhaltens- und Denkmuster. Vielleicht identifizieren Sie dabei die ein oder andere «Bremse» und tauschen sie gegen ein geistiges Gaspedal – einen positiven Glaubenssatz – aus. Und dann geben Sie Gas! Ihr Erfolg wartet schon!

Hilfreiche Glaubenssätze
Wenn es um Erfolg und Zielerreichung geht, sind die folgenden Glaubenssätze ausgezeichnete Antreiber:
- Ich kann, was ich will!

- Ich darf erfolgreich und zufrieden sein!
- Ich darf ein gutes Gehalt fordern!
- Ich kann ehrgeizig sein, wenn ich es will!
- Ich darf auf meine Kompetenzen stolz sein!
- Ich bin konzentriert!
- Ich bin glücklich!
- Ich darf mehr wollen!
- Mein Weg ist für mich genau richtig!

Die Lebenskunst besteht darin, sich mit möglichst vielen positiven Glaubenssätzen einzurichten. Denn: Wie Sie eine Situation erleben, hängt von Ihren Glaubenssätzen ab. Mit einer positiven inneren Einstellung sieht jegliche Situation erfolgversprechend aus – und die Chancen, tatsächlich einen Erfolg zu erzielen, steigen erheblich.

Erfolg entsteht im Kopf

Mit dem Einüben eines positiven Glaubenssatzes kann sich Claudia Bescheiden auf das nächste Bewerbungsgespräch mental bestens einstimmen – sie stärkt ihre Zuversicht. Die guten Gefühle sollen sie auf ihrem Weg nach oben zur Bergstation begleiten. Die negativen lässt sie bei der Talstation zurück.

Was ist eigentlich zuerst da? Müssen zunächst positive Gedanken geübt werden, um erfolgreich zu werden? Oder muss erst einmal ein Erfolg da sein, damit positive Gefühle entstehen können?

Eines ist sicher: Positive Gedanken unterstützen Sie auf jeden Fall auf Ihrem Weg. Daher ist es immer sinnvoll, positive Sätze zu formulieren und wiederholt zu üben. Ob bei der Ankunft am Ziel gute Gefühle als Belohnung winken, ist individuell verschieden. Es ist keineswegs automatisch der Fall.

Anita Müller zum Beispiel, die Beraterin, die ihren Weg erfolgreich beschreitet, aber erreichte Zwischenziele kaum wahrnimmt, macht Erfolg nicht glücklich. Sie ist in einer Art Hamsterrad regelrecht gefangen. Um da herauszukommen, kann mentales Training helfen. Frauen wie Anita Müller können lernen, sich mit Hilfe einer Vorstellungsübung, bei der sie sich in einen Zustand absoluten Wohlbefindens versetzen, zu entspannen.

Vorstellungsübung

Malen Sie sich aus, wie es sich anfühlt, wenn Sie gelassen und entspannt sind.

- Vielleicht liegen Sie auf einer Wiese, es ist angenehm warm und die Vögel zwitschern ...
- Vielleicht sitzen Sie in einem Liegestuhl auf einer Terrasse in den Bergen. Der Himmel ist stahlblau, der Schnee glitzert in der Sonne und Sie trinken eine heiße Schokolade ...
- Vielleicht stellen Sie sich auch etwas ganz anderes vor ...

Sie denken bewusst an etwas Schönes und nehmen gleichzeitig unbewusst Einfluss auf Ihre Emotionen. Sie beschäftigen sich gedanklich mit einem schönen Moment und lösen damit eine mental positive Wirkung aus.

Durch wiederholte Vorstellungsübungen dieser Art prägen sich Ihrem Gehirn positive Gedanken ein. Und diese wiederum steuern Ihre Emotionen und Ihre Handlungen. Sich erfolgreich zu fühlen ist somit kein Zufall mehr.

Erfolge verdienen Belohnungen

Die Jagd nach Erfolgen vermindert die Lebenszufriedenheit. Nach jedem erreichten Ziel taucht sofort das nächste Ziel vor dem geistigen Auge auf – und eine Belohnung und eine Ruhepause werden auf später verschoben.

Anita Müller wäre vielleicht noch erfolgreicher in ihrem Job, wenn sie ihre Erfolge genießen und feiern könnte. Vermutlich ermöglicht nur die Balance zwischen zwei Verhaltensweisen – Ehrgeiz und Entspannung – dauerhafte Höchstleistung und Flexibilität. Erst wenn auch Entspannung hinzukommt, macht Erfolg richtig Spaß.

Auf dem Weg zum Erfolg brauchen Sie immer mal wieder eine Belohnung. Wenn Sie ein Ziel vor Augen haben und ahnen, dass Sie es mit etwas Anstrengung erreichen können, dann sind Sie motiviert. Teilerfolge verdienen Beachtung und Anerkennung. Wenn Sie sich über Teilerfolge freuen können, versorgt Sie das mit neuer Motivation, und Sie schaffen auch die nächste Etappe. Man sagt: Der Weg ist das Ziel. Ja, das stimmt!

Und das Beste ist: Sie selbst können wählen, wie Sie sich belohnen. Hauptsache, Sie tun es. Damit Sie weiterhin Freude an Ihrem Lebensweg haben.

Was bedeutet erfolgreich sein?

Erfolg ist Zielerreichung, Zufriedenheit, Sinn und Spaß. Erfolgreich zu sein bedeutet nicht unbedingt, Karriere zu machen, obwohl sich – so meine ich – viel mehr Frauen genau das zutrauen sollten.

Erfolg lässt sich nur individuell messen. Es gibt keinen allgemeingültigen Maßstab dafür, ab wann eine Frau erfolgreich ist. Was für eine Frau der Weg bis an die Spitze des Managements ist, ist für eine andere Frau der sichere Job im Team. Beides kann Erfolg bedeuten. Es kommt immer auf die eigene Einschätzung und das eigene Empfinden an.

Wenn Sie sich Ihr eigenes Orientierungsnetz aus der Übung im vierten Kapitel ansehen, können Sie sehr gut daran ablesen, wie erfolgreich Sie sich in den fünf Bereichen selbst einschätzen. Auch hier geht es um Ausgewogenheit. Ist Ihr Netz gleichmäßig weit gespannt? Wo ist es auffällig wenig ausgreifend? Wo gibt es etwas für Sie zu tun?

Erfolgreich mit Thekla

Anita Müller hat sich zum Thema Erfolg coachen lassen. Nach dem Thekla-Prinzip hat sie folgende Gedächtnisstütze für sich formuliert:

- treffsicher: → «Erfolg ist für mich auch ein positiv empfundenes Ergebnis.»
- humorvoll: → «Erfolg ist ein Schläfchen im Hamsterrad.»
- emotional: → «Ein wunderschöner Weinberg in Italien ist mein Zielbild.»
- klug: → «Ich bin erfolgreich und darf mich belohnen.»
- lösungsorientiert: → «Mein Erfolg ist die Balance zwischen Ehrgeiz und Loslassen.»
- authentisch: → «Der Erfolg bin ich! Und ich bin stolz darauf!»

Anita hat sich vorgenommen, ein Erfolgstagebuch anzulegen. Ihre persönliche Gedächtnisstütze nach dem Thekla-Prinzip schreibt sie auf die erste Seite. Dazu klebt sie das Bild vom Weinberg in Italien, ein Urlaubsfoto aus dem letzten Jahr. Jeden Tag hält sie in ihrem Erfolgstagebuch kleine Erfolge und Glücksmomente fest.

Einen Monat später, auf dem Rückflug von einem gelungenen Training mit den zwei Kolleginnen, bestellt sie für alle drei ein schönes Glas Rotwein und stößt mit den beiden auf den gemeinsamen Erfolg an.

Die Frage war: Was bedeutet erfolgreich sein? Ich will es einmal so zusammenfassen: Erfolgreiche Frauen sind neugierig und kennen ihre Ziele, sie haben eine positive innere Haltung, sie sind sich ihrer Kompetenzen und Stärken bewusst und setzen diese ein, so dass auch andere davon profitieren. Erfolgreiche Frauen sind selbstbewusst und selbstsicher. Sie wissen, wer sie sind und was sie können. Sie sind stolz auf sich und ihre Leistung. Erfolgreiche Frauen handeln authentisch und spüren ihren Erfolg.

«Wireless-LAN» zum Bauch – Übung 10

In welchen Situationen haben Sie sich in diesem Monat erfolgreich gefühlt?

1. ____

2. ____

3. ____

11 Wie Sie Hindernisse auf dem Weg zum Ziel überwinden

Nur wer sich ändert, bleibt sich treu.

Wolf Biermann

Angenommen, während Sie schlafen, würde ein kleines Wunder geschehen: Sie würden morgen früh aufwachen und hätten Ihr wichtigstes Ziel erreicht. Was wäre anders? Was genau hätte sich verändert oder entwickelt? Wie würden Sie sich fühlen?

Noch eine Frage: Angenommen, Sie finden genau den richtigen Weg, dieses Buch für sich zu nutzen. Würden Sie dann das Thekla-Prinzip für eigene Ziele als Gedächtnisstütze nutzen? Oder reicht Ihnen das Bild Ihres persönlichen Netzes, um die wichtigen beruflichen und privaten Ziele vor Augen zu haben, und die «Wireless-LAN»-Verbindung zu Ihrem Bauch, um ein Gespür dafür zu bekommen, was Sie wirklich wollen?

Die Verantwortung für Ihr Handeln liegt in Ihrer Hand! Sie können Ihre Welt verändern, wenn Sie es wollen! Auch ohne ein Wunder.

In diesem Kapitel geht es um Fallen und Hindernisse, die besonders im Business überall auf Frauen lauern. Manchmal kann angesichts unserer Ellenbogengesellschaft der Eindruck entstehen, die ganze Welt müsste erst verändert werden, bevor es Frauen möglich sein würde, sich durchzusetzen und weiterzukommen.

Ziel dieses Kapitels ist es, Ihre Handlungsoptionen zu erweitern, damit Sie selbstbewusst und souverän bleiben. Anhand konkreter Beispiele werden ein paar Methoden vorgestellt, wie Sie Ihr Verhalten verändern können und dabei ganz Sie selbst bleiben.

Spielregeln verändern oder sich selbst ändern?

Heidi Zenge hat eine Stelle als leitende Angestellte im mittleren Management eines großen deutschen Mobilfunkanbieters in der Vertriebssteuerung angetreten. Sie hat eine Bilderbuchausbildung vorzuweisen: Studium der Rechtswissenschaft in München und an der Harvard-Universität in Cambridge, Studienabschluss mit Auszeichnung, Promotion in Medienrecht und zweijährige Berufserfahrung im Ausland. Frau Dr. Zenge ist sehr attraktiv und immer topmodisch gekleidet.

Der Mobilfunkanbieter ist ihr erster Arbeitgeber in Deutschland. An einem ihrer ersten Arbeitstage geht sie mit dem engeren Team in die Kantine. Diverse Kollegen werden ihr vorgestellt und sie schüttelt so manche Hand, unter anderem auch die von Dr. Stefan Augustin. Er ist ebenso Führungskraft und steht hierarchisch auf der gleichen Ebene wie Frau Dr. Zenge. Freundlich lächelnd begrüßt er Frau Zenge: «Hallo Frau Zenge! Ich wusste ja gar nicht, dass unser äußerst konservativer Arbeitgeber offene Stellen neuerdings mit Models besetzt. Gibt es statt Assessment Centern jetzt eigentlich Castings? Wow!» Frau Dr. Zenge ist sprachlos, aus Verlegenheit grinst sie hilflos. Betretenes Schweigen macht sich in der Runde breit.

Derartige Anzüglichkeiten diskriminieren Frauen, indem sie sie auf ihre äußere Attraktivität reduzieren. Viele Frauen fühlen sich dadurch sehr verunsichert, zumal sie meist mit solchen verbalen männlichen «Angriffen» nicht rechnen. Sie denken, dass so etwas heutzutage nicht mehr möglich ist, und sind von Situationen wie der eben beschriebenen völlig überrumpelt.

Solche Sprüche sind Ausdruck männlicher Machtroutinen, und

die gehören zu den ungeschriebenen Spielregeln im männlichen Wettbewerb. Dabei richten sich Männer mit diesem Verhalten meist nicht bewusst gegen Frauen, sondern handeln vielmehr intuitiv. Ein Mann findet eine solche Bemerkung vielleicht sogar lustig. Er meint es wohl nicht «böse», sondern womöglich als nettes Kompliment.

Was soll man da tun? Versuchen, die Spielregeln zu ändern? Mit dem Finger auf den «Bösewicht» zeigen? Laut schreien? Oder, wie wär's mit einer Ohrfeige? – Nein, lieber nicht. Man kann andere Menschen nicht verändern, man schreibt auch nicht von heute auf morgen die Spielregeln um. Wahrscheinlich ist das Einzige, was sich wirklich lohnt, selbst etwas zu verändern. Das heißt in diesem Fall, einen souveränen Umgang mit solchen Frechheiten zu finden.

In einer Fortbildung für weibliche Führungskräfte formuliert Frau Dr. Zenge ihr Ziel, zukünftig auf solche Anspielungen souverän zu reagieren. Sie will weder stumm bleiben, noch will sie sich auf einen verbalen Schlagabtausch einlassen. Sie möchte dem Gegenüber auf der Sachebene möglichst schnell den Wind aus den Segeln nehmen, sich emotional nicht aus der Ruhe bringen lassen, bestenfalls mit einer gesunden Portion Humor reagieren. Sie erarbeitet sich im Training eine Gedächtnisstütze nach dem Thekla-Prinzip:

- treffsicher: → «Ihre Bemerkung war ganz und gar nicht adäquat.»
- humorvoll: → «In Harvard gibt es einen neuen Studiengang für Models.»
- emotional: → «Ein Foto von der Harvard University wird zum Zielbild.»
- klug: → «Ich schütze mich und sorge für bessere Umgangsformen in meiner Abteilung.»
- lösungsorientiert: → «Herr Augustin wird sich über eine Gesprächspartnerin auf Augenhöhe freuen.»
- authentisch: → «Ich bin souverän und selbstbewusst.»

Mit Motivation lässt sich so manches Ziel erreichen. Es gibt aber auch Ziele – insbesondere Verhaltensziele –, die Sie nicht «einfach mal eben so» mit einer genialen Gedächtnisstütze im Kopf erreichen. Sie wissen zwar theoretisch, was Sie zu tun hätten, doch die praktische Umsetzung scheitert. Sie scheinen Ihrem Ziel zwar näher zu kommen, erleiden jedoch kurz vor der Ziellinie einen Rückschlag, der sie auf den Boden der Tatsachen befördert. Wer kennt das nicht?

Auch Frau Dr. Zenge hat einige Zeit gebraucht und noch einige Niederlagen einstecken müssen, bevor sie mit der Umsetzung ihrer neuen Verhaltensstrategie zufrieden war.

Um die eigene Welt zu verändern, brauchen Sie neben Neugier, Intuition und Selbstbewusstsein vor allem Geduld mit sich selbst.

Müssen Frauen leider draußen bleiben?

Freiheit bedeutet vor allem Entscheidungsfreiheit. Frauen wollen doch oft gar nicht Karriere machen, sie entscheiden sich doch aus freien Stücken dagegen – oder? Diese These vertritt zum Beispiel die Entwicklungspsychologin Susan Pinker. Aussagen wie «Den meisten Frauen ist der Chefsessel nicht wichtig» kommen also nicht selten von Frauen. Hier wird unterstellt, die Unterschiede zwischen Mann und Frau seien irgendwie Schicksal. Frauen könnten daran nichts ändern, selbst wenn sie es wollten. Die Unterschiede hätten sich im Zuge der menschlichen Evolution entwickelt, sodann körperlich und mental verankert, weil es für die Gesellschaft vorteilhafter sei, wenn Frauen und Männer unterschiedliche Arbeitsfelder hätten. Sie seien für die Aufgaben biologisch prädestiniert: die Frau als Hüterin der sozialen Beziehungen und Sekretärin, der Mann als Kämpfer und Chef.

Die heutige Genderforschung kann glücklicherweise eine Menge gegen solche Vereinfachungen vorbringen. Die Genderforscherinnen argumentieren, dass Frauen sich unter passenden Rahmenbedingungen den Chefsessel weitaus häufiger zutrauen würden. Sie zeigen auf, dass weder Frauen noch Männer auf unveränderliche Verhaltensmuster festgelegt sind. Es geht demnach weniger um typisch männlich und typisch weiblich, sondern vielmehr darum, Spielregeln und den Einfluss von Rahmenbedingungen zu erkennen. Genau hier liegen die Gründe, warum Frauen sich leider zu oft nicht trauen.

Wie war das noch mit den männlichen Spielregeln in Führungsetagen? Diese Spielregeln werden anscheinend schon früh «anerzogen» und geprägt. Sie gelten schon im Kindergarten und auf dem Fußballplatz. In allen gesellschaftlichen Bereichen befinden sich Jungen und später Männer untereinander im «erlernten» Wettbewerb.

In reinen Männerrunden werden Frauen deswegen erst einmal als störend empfunden. Männer sind unsicher und verhalten sich gegenüber Frauen auf gleicher Ranghöhe wenig respektvoll, entweder machohaft oder in väterlicher Manier.

Männer geben Frauen dadurch implizit zu verstehen, dass sie eher weniger mit deren fachlicher Kompetenz rechnen. Das wird natürlich niemals so direkt gesagt, aber es liegt in der Luft, es wird nonverbal transportiert. Kein Mann würde heute seine Voreingenommenheit offen aussprechen, aber viele denken so über das «schwache Geschlecht». Solche subtilen Vorbehalte können Frauen schlecht oder gar nicht greifen. Aber sie bekommen sie dennoch zu spüren!

Frauen können ihre Welt verändern, indem sie die unterschwelligen Mechanismen der Machtspiele erkennen und sich von Männern nicht die Butter vom Brot nehmen lassen.

Souverän auf der Beziehungs- und Sachebene

Wenn Sie die Mechanismen durchschaut haben, können Sie sich souverän und wirkungsvoll wehren, indem Sie klar und deutlich formulieren und auftreten:

– Sagen Sie genau, was Sie wollen. Sprechen Sie in Ich-Botschaften: «Ich will das so», «Ich will das so nicht». (Zum

Beispiel: «Herr Augustin, ich will nicht, dass Sie so mit mir reden.»)
- Nennen Sie erst dann den Grund, bringen Sie schlagkräftige Argumente: «Ich halte das für nicht adäquat!»
- Entschuldigen Sie sich nicht, wenn Sie eine berechtigte Forderung vortragen. Also nicht: «Entschuldigen Sie, aber könnten Sie zukünftig bitte anders mit mir sprechen?», sondern: «Sprechen Sie zukünftig bitte anders mit mir!»
- Vermeiden Sie generell Konjunktive oder sprachliche «Weichmacher» (Beispiele: «vielleicht», «unter Umständen», «möglichst» ...).
- Achten Sie auf die Lautstärke und den Ton Ihrer Stimme sowie auf Ihre Körperhaltung. Halten Sie sich gerade und treten Sie selbstbewusst auf!

Mit überzeugenden Formulierungen und einem selbstsicheren Auftreten können Sie sich auf der Beziehungs- und auf der Sachebene behaupten – und verändern somit Ihre Welt.

Keineswegs müssen Frauen draußen bleiben!

Frauen können mitspielen

Sollen Frauen, die Karriere machen wollen, die männlichen Spielregeln übernehmen? Ich meine: Das kann es nicht sein! Aber wenn Frauen sich auf der Führungsebene sicher bewegen wollen, sind sie gut beraten, die männlichen Regeln gut zu kennen, um damit zurechtzukommen und nicht daran zu scheitern.

Weibliche Regeln, die auf weibliche Qualitäten gründen (siehe Kapitel 2), lassen sich nicht «mal eben» implementieren. Das Weibliche in der Führung muss sich langsam, aber sicher etablieren, und Frauen müssen sich vernetzen.

Viele Coaches und Trainer, die sich darauf spezialisiert haben,

Frauen auf ihre Rolle als Führungskraft vorzubereiten beziehungsweise sie darin zu unterstützen, trainieren vor allem einen überzeugenden Kommunikationsstil. Es geht darum, dass Frauen gezielt lernen, auf den Punkt zu kommen, ohne dabei die gute Beziehung zu gefährden.

Hart in der Sache – weiblich in der Beziehung

Es gibt viele Methoden, um einen überzeugenden Kommunikationsstil zu erlernen. Ziel eines jeden Leitfadens oder einer jeden Methode ist es, eine konstruktive Lösung herbeizuführen. Es geht darum, eine Win-Win-Situation zu erreichen und nicht um den Sieg einer Partei in einem Wettbewerb oder gar Kampf. Der Psychologe Thomas Gordon beschreibt in seinem empfehlenswerten Buch «Familienkonferenz» die «Niederlagenlose Methode» als Gesprächsleitfaden. Die folgenden sechs Schritte zum Win-Win folgen seiner Idee:

1. Schritt zum Win-Win: → «Mich stört ...»
2. Schritt zum Win-Win: → «Mein Ziel ist es ...»
3. Schritt zum Win-Win: → «Dein Ziel ist?»
4. Schritt zum Win-Win: → «Unsere Gemeinsamkeiten sind folgende ...»
5. Schritt zum Win-Win: → «Was könnte eine Lösung sein?»
6. Schritt zum Win-Win: → «Welche Vereinbarung treffen wir?»

Wenn Sie genau wissen, was Sie wollen, dann werden Sie nicht den Kürzeren ziehen!

Love it, change it, or leave it!

Vielleicht denken Sie jetzt, dass sich das theoretisch alles ganz gut und überzeugend anhört. Doch fühlen Sie intuitiv, dass Sätze wie

«Ich will», «Mich stört» und «Lassen Sie mich bitte ausreden», «Halt, das war meine Idee» usw. nicht zu Ihnen passen?

Sie müssen Ihren Kommunikationsstil überhaupt nicht ändern, Sie sollten nur wissen, dass ein unklarer und übermäßig bescheiden wirkender Kommunikationsstil Ihre berufliche Entwicklung bremsen wird. Die Entscheidung liegt bei Ihnen!

- Love it!
  Wenn Sie nichts verändern wollen, dann bekennen Sie sich zu der Situation, in der Sie sich gerade befinden. Sie akzeptieren den Kommunikationsstil Ihres Unternehmens und Ihrer Kollegen. (Vielleicht arbeiten Sie auch in einem fairen Team.) Klar ist: Wenn Sie nichts verändern, wird sich nichts verändern.

- Change it!
  Versuchen Sie zu ändern, was Sie stört. Beginnen Sie mit Ihrem Verhalten und Ihrem Kommunikationsstil. Ihre Verhaltensänderung zieht unweigerlich Verhaltensänderung der anderen nach sich.

- Leave it!
  Wenn Sie innerlich schon gekündigt haben, Ihre Situation weder akzeptieren können noch etwas verändern wollen (oder können), dann ist es das Beste, wenn Sie gehen. Suchen Sie eine Alternative und lassen Sie sich nicht von der eigenen Bewertung «Das ist normal» zur Resignation verführen. Das System zu verlassen kann eine Chance sein, etwas ganz Neues zu beginnen.

Etwas wagen

Manchmal gibt es Zweifel: «Kann ich mich verändern? Will ich mich wirklich verändern? Oder glaube ich nur, dass ich mich verändern sollte?» Es ist durchaus nicht immer alles sonnenklar.

Klar ist aber: Wenn Sie sich in Richtung Selbstbestimmung entwickeln und sich für eine klare und deutliche Kommunikation entscheiden, werden sowohl Ihre Zufriedenheit als auch Ihr Ansehen steigen. Sie können Ihre Welt verändern, wenn Sie sich trauen!

Dazu ein Beispiel: Dagmar Precht ist Führungskraft in der Marketingabteilung eines großen deutschen Versandhauses. Sie sitzt mit ihrer einzigen weiblichen Kollegin Susanne Rosenweg und 15 männlichen Kollegen in einer wichtigen Besprechung, in der das neue Marketingkonzept erläutert werden soll. Die Kollegin Susanne referiert über die aktuelle Lage und eröffnet am Ende ihrer Präsentation ein Brainstorming mit der Überschrift «Vorschläge zur Verbesserung der Situation». Es werden Vorschläge gemacht.

Dagmar Precht bringt den Vorschlag, dass angesichts der demografischen Entwicklung die stark wachsende Gruppe der über 40-Jährigen stärker als Kundinnen und Kunden in den Blick genommen werden sollte. Die Resonanz auf ihren Vorschlag hält sich stark in Grenzen. Der männliche Moderator hält Dagmar Prechts Vorschlag nicht auf dem Flip-Chart fest, er blättert gerade in seinen Papieren.

Als Nächster meldet sich Dr. Martin Busch zu Wort mit etwas ganz anderem. Er berichtet über erfolgreiche Marketingkonzepte aus Schweden. Die Männerrunde nickt zustimmend. Scheinbar nimmt dann Dr. Andreas Wulf den Faden seines Vorredners auf, kommt aber mit dem Vorschlag, dass man doch wegen des demografischen Wandels die ältere, finanziell gut gestellte Generation stärker in den Fokus rücken müsse. Der Moderator springt auf und notiert die Schlagworte auf dem Flip-Chart und sagt: «Warum sind wir nicht schon früher darauf gekommen?»

In solchen Momenten kann man als Frau durchaus verzweifeln.

Frau Precht kennt jedoch die seltsamen Kommunikationsrituale und lehnt sich nicht resigniert zurück. Sie hat gelernt, sich ihre Beiträge nicht aus der Hand nehmen zu lassen. Sie sagt mit lauter fester Stimme: «Stopp! Moment mal! Ich habe gerade eben diesen Vorschlag gemacht. Ich will den erst mit Ihnen zu Ende diskutieren.» Das sagt sie tough, aber weder überzogen männlich noch gespielt weiblich, sondern einfach echt – so, wie sie ist: eine Frau, die auf Augenhöhe mit den Männern agiert. Applaus!

Wider den Begriff «Powerfrau»

Vielfach wird von «Powerfrauen» gesprochen. Ich sage: Die Frauen in den Führungsetagen sind keine «Powerfrauen». Es sind neugierige, selbstbewusste und aktive Frauen, die sich aufgrund ihrer Bildung und Erfahrung auf ihre Intuition verlassen. Der Begriff «Powerfrau», mit dem so etwas wie eine «Ausnahmefrau» gemeint ist, scheint mir gefährlich, wenn es um das Ziel geht, deutlich mehr Frauen in die Führungsetagen zu bringen und Frauen in Netzwerken zu stärken.

Die weibliche Führung besticht durch Treffsicherheit, Humor, Emotionalität, Klugheit, Lösungsorientiertheit und Authentizität. Frauen mit diesen Qualitäten sind beileibe nicht die Ausnahme!

«Wireless-LAN» zum Bauch – Übung 11

a) Was genau steht Ihrem Erfolg noch im Weg?

1. ______________________________

2. ______________________________

3. ______________________________

b) Was genau wollen Sie ab morgen tun, um diese Hindernisse zu überwinden?

1. ______________________________

2. ______________________________

3. ______________________________

12 Der Sprung ins Netz

Erfahrung ist eine verstandene Wahrnehmung.

Immanuel Kant

Der Erfolg liegt in Ihnen, genauso wie in einer Eichel der komplette Plan des Baumes angelegt ist. Der Erfolg entwickelt sich. In kleinen Schritten, die immer Ihren aktuellen Möglichkeiten entsprechen, gehen Sie stetig voran. Beglückwünschen Sie sich auch zu kleinen Fortschritten. Auf diese Weise werden Sie von einem Durchbruch zum nächsten gelangen. Es ist völlig in Ordnung, dass Sie dabei Fehler machen. Wichtig ist: Sie lernen aus den Fehlern und sind in der Lage, Misserfolge als wertvolle Erfahrung wahrzunehmen.

Es kommt ganz entscheidend auf die Einstellung an. Um Erfolg zu haben, muss man daran glauben, ein erfolgreicher Mensch zu sein! Alles Gelingen entsteht nämlich im Kopf. Das Misslingen ebenfalls. Um etwas zu bewältigen oder einen Wunsch zu verwirklichen, müssen Sie wissen, was Sie anstreben. Sie müssen sich Ihrer Möglichkeiten bewusst und bereit sein, etwas dafür zu tun.

Diese drei zentralen Fragen begleiten Sie Ihr ganzes Leben:

- Was wollen Sie ganz genau?
- Glauben Sie wirklich an Ihre Möglichkeiten?
- Sind Sie bereit, Dinge zu verändern?

In diesem Kapitel erwartet Sie ein «ultimativer» Fragebogen mit jeweils zwanzig Fragen zu den fünf Lebensbereichen: Körper und Psyche, Familie und Partnerschaft, soziale Beziehungen, Beruf und Karriere und finanzielle Absicherung. Inspiriert durch den bekannten «Fragebogen» von Max Frisch, durch diverse psychologische Fragebögen und Fragebücher, insbesondere das «Fragebuch» von Roman Tschäppeler und Mikael Krogerius und das Buch «100 Fragen» von Petra Bock ist der Thekla-Fragebogen entstanden – der «Sprung ins Netz».

Nach der Lektüre aller vorangegangenen Kapitel dieses Buches sind Sie bereits geübt, solche Fragen für sich ehrlich und schnell zu beantworten. Sie sind gut vorbereitet auf den Sprung ins eigene «Netz». Die fortdauernde Konfrontation mit den richtigen Fragen ist wichtig, um immer sicher zu wissen, was genau Sie aus Ihren beruflichen und privaten Möglichkeiten machen wollen und können.

Es gelten die gleichen Spielregeln, die Sie bereits bei der «Wireless-LAN»-Übung kennengelernt haben:

- Antworten Sie spontan.
- Es geht um Ihre Intuition.
- Nur Ihre ehrliche Antwort zählt!

Dieser Fragebogen führt Sie noch tiefer zum Kern Ihrer Persönlichkeit und Ihren wahren Zielen. Denn: Sie selbst sind und bleiben die Expertin Ihres Lebens. Und Sie werden auf jede Frage intuitiv eine Antwort haben. Sie haben bereits durch die Übung «Wireless-LAN» erfolgreich trainiert, Ihre Antworten bewusst wahrzunehmen. Ihr «innerer Kritiker» hat vielleicht gelernt, etwas nachsichtiger zu sein und intuitive Antworten zuzulassen.

Die insgesamt 11 «Wireless-LAN»-Fragen und Ihre 33 Antworten aus den vorherigen 11 Kapiteln haben Sie wahrscheinlich ermutigt, noch kreativer zu denken. Sie wissen zudem, dass konstruktives und produktives Denken in Ihrem Gehirn ein wahres Feuerwerk von Glückshormonen auslösen kann und Ihr neuronales Netz wachsen lässt.

Erfahren Sie jetzt, ob Sie sich bereits eine Erfolgsmentalität angeeignet haben, welche Werte Ihnen wirklich wichtig sind und welche «Störenfriede» Ihren Erfolg noch torpedieren können. Ganz nebenbei bekommen Sie wahrscheinlich eine Ahnung davon, dass ein gesunder Lebensstil und eine gesunde Portion Humor Ihre Erfolgschancen verbessern. Es ist nun einmal so, dass Sie am leichtesten erreichen, was Sie wollen, wenn Sie dabei Spaß haben.

Die wichtigste Übung, um zu bekommen, was Sie wollen, ist die, sich selbst genau kennenzulernen. Dazu ist es notwendig, sich ab und zu mit den richtigen Fragen auseinanderzusetzen. Dabei empfiehlt es sich, sehr aufmerksam auf die intuitiven Reaktionen bei den Antworten zu achten. Lauschen Sie Ihren eigenen Impulsen zur Veränderung!

Was Ihre präzisen Zielsetzungen angeht, vergessen Sie nicht: Wenn Sie Ihren Zielhafen nicht ganz genau kennen, zu dem Sie segeln wollen, kann für Sie kein Wind günstig sein. Nach dem Bearbeiten dieses Fragebogens werden Sie wissen, welche Ziele Sie ansteuern und woher Ihr persönlicher Erfolgswind weht. Und THEKLA bläst kräftig in Ihr Segel!

Fragebogen

1. Körper und Psyche

Nr. 1: Was haben Sie heute an? Passt Ihre Kleidung heute zu Ihrer Stimmung?

____

____

____

Nr. 2: Was ist Ihr Lieblingsoutfit?

____

____

Nr. 3: Über welche drei Situationen oder Dinge haben Sie sich heute gefreut?

1. ______________________________
2. ______________________________
3. ______________________________

Nr. 4: Wie fühlen Sie sich heute in Ihrem Körper?
Beschreiben Sie mit einem Wort:

____

Nr. 5: Wie beschreiben Sie Ihren seelischen Zustand?
Beschreiben Sie mit einem Wort:

____

Nr. 6: Glauben Sie, dass Sie so wirken, wie Sie sich fühlen?

____

Nr. 7: Welche Kompromisse in Ihrem Alltag empfinden Sie derzeit als nervend und störend?

Nr. 8: Welche Rollen haben Sie gerade in Ihrem Leben? Sind Sie Tochter, Mutter, Freundin, Ehefrau, Partnerin, Chefin oder/ und Mitarbeiterin? Wie fühlen Sie sich in den jeweiligen Rollen?

Nr. 9: Wovor haben Sie Angst?

Nr. 10: Was würde sich in Ihrem Leben verändern, wenn Sie diese Angst nicht mehr hätten?

Nr. 11: Können Sie sich bewusst entspannen? Wie machen Sie das?

Nr. 12: Was bedeutet für Sie Bewegung?

____

Nr. 13: Nehmen Sie den Fahrstuhl oder die Treppe?

____

Nr. 14: Denken Sie beim Stichwort «Sport» eher an einen Waldlauf oder an einen Sportclub?

____

Nr. 15: Was ist Ihr Wunschgewicht? Wie viel wiegen Sie heute? Wie viel werden Sie in einem Jahr wiegen?

____

Nr. 16: Gehen Sie regelmäßig zum Arzt?

____

____

Nr. 17: Wie alt möchten Sie werden?

Lebensjahre insgesamt: ________________________

Ihr derzeitiges Alter: ________________________

Wie viel Zeit bleibt noch? ________________________

Nr. 18: Welche Hobbys haben Sie? Und was macht Ihnen wirklich Spaß?

____

____

Nr. 19: Falls Sie keine Hobbys haben, was sagt das über Sie aus?

Nr. 20: Was soll in Ihrem Leben genau so bleiben, wie es ist? Und was soll sich ab heute verändern?

Das soll bleiben:

Das soll sich verändern:

Zwischenbilanz

Mit welchem Wert zwischen null und zehn bewerten Sie Ihren körperlichen und psychischen Zustand genau in diesem Moment?

Neuausrichtung nach Thekla

Suchen Sie sich ein Ziel oder einen Veränderungswunsch aus dem Bereich «Körper und Psyche» aus.

Definieren Sie eine Gedächtnisstütze nach dem Thekla-Prinzip für sich.

- treffsicher ____________________
- humorvoll ____________________

- emotional ______________________________
- klug ______________________________
- lösungsorientiert ______________________________
- authentisch ______________________________

2. Familie und Partnerschaft

Nr. 1: Was fällt Ihnen ein, wenn Sie an Ihre Kindheit denken?

____

____

Nr. 2: Was hat Sie in Ihrer Kindheit geprägt?

____

____

Nr. 3: Welche Befürchtungen hatten Sie als Kind?

____

____

Nr. 4: Gibt es ein Familiengeheimnis?

____

____

____

Nr. 5: Wem fühlen Sie sich in Ihrer Familie nahe? Warum? (Mutter/Vater/Geschwister/Großeltern)

____

____

Nr. 6: Mit welchen Stichwörtern würden Ihre Eltern Sie beschreiben?

Nr. 7: In welchem Alter waren Sie zum ersten Mal verliebt?

Nr. 8: Haben Ihre Eltern eine glückliche Beziehung? Wie sorgen Ihre Eltern für dieses Glück?

Nr. 9: Was machen Sie selbst als Mutter richtig?

Nr. 10: Wie würden Ihre Kinder Sie beschreiben?

Nr. 11: Wie fühlen Sie sich, wenn Sie verliebt sind?

Nr. 12: Haben Sie einen Partner? Sind Sie heute verliebt?

Nr. 13: Welche drei Eigenschaften müsste Ihr «Traumprinz» haben?

1.____

2.____

3.____

Nr. 14: Welche drei Eigenschaften lieben Sie an Ihrem Partner?

1.____

2.____

3.____

Nr. 15: Haben Sie «Baustellen» in Ihrer Partnerschaft? Woran arbeiten Sie gerade?

Nr. 16: Welche drei Leidenschaften teilen Sie mit Ihrem Partner?

1.____

2.____

3.____

Nr. 17: Sind Sie Mutter? Ist Ihr Kinderwunsch (noch) ein Thema für Sie?

Nr. 18: Haben Sie ein erfülltes Sexualleben?

____

____

____

Nr. 19: Sie haben drei «Beziehungswünsche» frei. Welche sind das?

1. ______________________________________

2. ______________________________________

3. ______________________________________

Nr. 20: Was soll im Bereich Familie und Partnerschaft genau so bleiben, wie es ist?

____

Was soll sich langfristig ändern?

____

____

Zwischenbilanz

Mit welchem Wert zwischen null und zehn bewerten Sie den Bereich «Familie und Partnerschaft» genau in diesem Moment? __________

Neuausrichtung nach Thekla

Suchen Sie sich ein Ziel oder einen Veränderungswunsch aus dem Bereich «Familie und Partnerschaft» aus.

____

Definieren Sie eine Gedächtnisstütze nach dem Thekla-Prinzip für sich.

- treffsicher ______________________________
- humorvoll ______________________________
- emotional ______________________________
- klug ______________________________
- lösungsorientiert ______________________________
- authentisch ______________________________

3. Soziale Beziehungen

Nr. 1: Wer ist Ihre beste Freundin und warum ist sie Ihre beste Freundin?

Wer? ______________________________

Seit wann? ______________________________

Warum? ______________________________

Nr. 2: Mit welcher Freundin feiern Sie am liebsten? Wann haben Sie das letzte Mal richtig gefeiert?

Wer ist es? ______________________________

Wann? ______________________________

Nr. 3: Gibt es in Ihrem Freundeskreis Energieräuber?

Wenn ja, wer ist es? ______________________________

Warum? ______________________________

Nr. 4: Bei wem könnten Sie zu jeder Tageszeit klingeln?

Wer ist es? ______________________________

Warum? ______________________________

Nr. 5: Gibt es eine Person aus Ihrem Freundeskreis, auf die Sie neidisch sind?

Wer ist es? ______________________________

Warum? ______________________________

Seit wann? ______________________________

Nr. 6: Welche Ihrer Freundinnen hat mehr Stil als Sie?

Hat das eine Bedeutung für Sie? ______________________________

Nr. 7 Hat Sie schon einmal eine Freundin ausgeschlossen?

Welche? ______________________________

Warum? ______________________________

Nr. 8: Haben Sie schon einmal jemandem aus Ihrem Freundeskreis ausgeschlossen?

Wen? ______________________________

War es richtig? ______________________________

Nr. 9: Beschreiben Sie eine Situation, in der Sie für eine andere Person sehr wichtig waren. Warum waren Sie wichtig?

____

____

____

Nr. 10: Welche Freundschaften pflegen Sie zu wenig? Haben Sie eine Ahnung warum?

Welche? ______________________________

Warum? ______________________________

Nr. 11: Auf welche Energieräuber sollten Sie verzichten?

Wer ist es? ______

Warum? ______

Nr. 12: Ist die Person, die Sie am besten kennt, Ihre beste Freundin?

______

Nr. 13: Wie viele Menschen bezeichnen Sie als Ihre Freunde?

______

Nr. 14: Gibt es eine Situation, in der Sie sich von allen Freunden verlassen gefühlt haben? Wann war das? Warum fühlten Sie sich einsam?

______

______

______

Nr. 15: Wie würde Ihre beste Freundin Sie in drei Worten beschreiben?

Erstens: ______

Zweitens: ______

Drittens: ______

Nr. 16: Was würde Ihre Freundin Ihnen bezüglich Ihrer Gesundheit und körperlichen Aktivität empfehlen?

______

______

Nr. 17: Was würde Ihre Freundin Ihnen bezüglich Ihrer Familie und Partnerschaft empfehlen?

____

____

Nr. 18: Was würde Ihre Freundin Ihnen bezüglich Ihrer sozialen Beziehungen empfehlen?

____

____

Nr. 19: Was würde Ihre Freundin Ihnen bezüglich Ihrer beruflichen Möglichkeiten empfehlen?

____

____

Nr. 20: Was genau sollte, nach Empfehlung Ihrer Freundin, so bleiben, wie es ist? Und was sollte sich verändern?

Das sollte bleiben:

____

____

Das sollte sich verändern:

____

____

Zwischenbilanz

Mit welchem Wert zwischen null und zehn bewerten Sie den Bereich «soziale Beziehungen» genau in diesem Moment? ____________

Neuausrichtung nach Thekla

Suchen Sie sich ein Ziel oder einen Veränderungswunsch aus dem Bereich «soziale Beziehungen» aus.

____

____

Definieren Sie eine Gedächtnisstütze nach dem Thekla-Prinzip für sich.

- treffsicher ____________________________
- humorvoll ____________________________
- emotional ____________________________
- klug ________________________________
- lösungsorientiert ________________________
- authentisch ___________________________

4. Beruf und Karriere

Nr. 1: Sind Sie mit Ihrem Beruf zufrieden?

Ja. Weil:

____

Nein. Weil:

____

Weder noch. Weil:

____

Nr. 2: Mit welchem Gedanken und welchem Gefühl gehen Sie zur Arbeit?

____

____

Nr. 3: Welches Ziel verfolgen Sie mit Ihrer Arbeit?

____

____

Nr. 4: Welche drei beruflichen Stärken zeichnen Sie aus?

Erstens: ______________________________________

Zweitens: ______________________________________

Drittens: ______________________________________

Nr. 5: Wie können Sie Ihre Stärken weiter stärken?

Erstens: ______________________________________

Zweitens: ______________________________________

Drittens: ______________________________________

Nr. 6: Haben Sie genau den Beruf ergriffen, den Sie wirklich ausüben wollen? Wer hat Sie bei der Berufswahl wie beeinflusst?

____

____

Nr. 7: Arbeiten Sie gern mit Menschen? Oder beschäftigen Sie sich lieber mit Dingen? Passt Ihr derzeitiger Job zu Ihrer Vorliebe?

____

____

Nr. 8: Gibt es einen anderen Beruf, der gut zu Ihnen passen würde?

Nr. 9: An wen dächten Sie, wenn Sie ein berufliches Vorbild hätten?

Nr. 10: Wofür setzen Sie sich stärker ein, für Ihr privates Glück oder Ihren beruflichen Erfolg?

Nr. 11: Wann gehen Sie voll in einer Tätigkeit auf und vergessen die Zeit?

Nr. 12: Wie viel Kraft gibt Ihnen Ihre Arbeit?

Nr. 13: Wie viel Energie nimmt Ihnen Ihre Arbeit?

Nr. 14: Was genau müssen Sie tun, um sich beruflich weiterzuentwickeln?

Erstens: __________

Zweitens: __________

Drittens: __________

Nr. 15: Fühlen Sie sich in Ihrem Beruf unterfordert? Warum?

Nr. 16: Engagieren Sie sich ehrenamtlich? Warum?

Nr. 17: Waren Sie schon einmal ohne Arbeit? Wie sind Sie damit umgegangen?

Nr. 18: Brauchen Sie mehr Verantwortung in Ihrem Beruf? Wenn ja, warum haben Sie sie nicht?

Nr. 19: Verdienen Sie genauso viel Geld wie Ihre männlichen Kollegen?

Nr. 20: Was genau sollte so bleiben, wie es ist? Und was sollte sich verändern?

Das sollte bleiben:

Das sollte sich verändern:

____

____

Zwischenbilanz

Mit welchem Wert zwischen null und zehn bewerten Sie den Bereich «Beruf und Karriere» genau in diesem Moment? ____________

Neuausrichtung nach Thekla

Suchen Sie sich ein Ziel oder einen Veränderungswunsch aus dem Bereich «Beruf und Karriere» aus.

____

____

Definieren Sie eine Gedächtnisstütze nach dem Thekla-Prinzip für sich.

- treffsicher ____________________________
- humorvoll ____________________________
- emotional ____________________________
- klug ________________________________
- lösungsorientiert ________________________
- authentisch ___________________________

5. Finanzielle Absicherung

Nr. 1: Wie sieht Ihr derzeitiger Kontostand aus?

____

Nr. 2: Ist das Verhältnis zwischen Ihrem Einkommen und Ihren Ausgaben ausgeglichen?

Ja. Weil:

____

Nein. Weil:

____

Nr. 3: Wenn Sie mit weniger Geld auskommen müssten, wo würden Sie sparen?

____

Nr. 4: Geben Sie für etwas zu viel Geld aus? Für was genau?

Erstens: ________________________________

Zweitens: _______________________________

Drittens: _______________________________

Nr. 5: Welche Aktien oder Fonds besitzen Sie?

Erstens: ________________________________

Zweitens: _______________________________

Drittens: _______________________________

Nr. 6: Wie setzt sich Ihre gesetzlich und private Rente zusammen? Wie haben Sie sich abgesichert?

____

____

____

Nr. 7: Haben Sie in der aktuellen Wirtschafts- und Finanzkrise Geld verloren? Wenn ja, wie viel?

____

Nr. 8: Gibt es Versicherungen, von denen Sie sich trennen könnten?

____

Nr. 9: Kennen Sie finanzielle Engpässe? Was sind Ihre Strategien dagegen?

____

____

____

Nr. 10: Haben Sie das Gefühl, dass Sie ein finanzielles Polster brauchen? Wenn ja, warum genau?

____

____

____

Nr. 11: Möchten Sie sich mit dem Thema finanzielle Absicherung beschäftigen? Wenn nicht, warum?

____

____

____

Nr. 12: Haben Sie mit Ihrem Partner ein gemeinsames Konto? Wenn ja, wie behalten Sie den Überblick?

____

____

____

Nr. 13: Haben Sie Kredite laufen? Für was genau haben Sie die Kredite aufgenommen?

____

____

Nr. 14: Geben Sie nur das Geld aus, was Sie haben? Oder finanzieren Sie manche Dinge? Welche Dinge finanzieren Sie und warum?

____

____

Nr. 15: Vergleichen Sie sich mit Ihren Freunden bezüglich Ihres finanziellen Spielraums? Ist Ihnen das wichtig oder unwichtig?

____

____

Nr. 16: Sind Sie von Ihrem Partner finanziell abhängig? Wenn ja, warum?

____

____

Nr. 17: Was genau können Sie unternehmen, um finanziell noch unabhängiger zu werden?

Erstens: ______________________________________

Zweitens: _____________________________________

Drittens: _____________________________________

Nr. 18: Haben Sie ein Testament? Sind Ihre Kinder finanziell abgesichert?

____

Nr. 19: Wie beschreiben Sie Ihre aktuelle finanzielle Situation?

____

____

Nr. 20: Was genau sollte so bleiben, wie es ist? Und was sollte sich verändern?

Das sollte bleiben:

____

____

Das sollte sich verändern:

____

____

Zwischenbilanz

Mit welchem Wert zwischen null und zehn bewerten Sie den Bereich «Finanzielle Absicherung» genau in diesem Moment? __________

Neuausrichtung nach Thekla

Suchen Sie sich ein Ziel oder einen Veränderungswunsch aus dem Bereich «Finanzielle Absicherung» aus.

____

Definieren Sie eine Gedächtnisstütze nach dem Thekla-Prinzip für sich.

- treffsicher ______________________________
- humorvoll ______________________________
- emotional ______________________________
- klug ______________________________
- lösungsorientiert ______________________________
- authentisch ______________________________

Netz und Netzwerk

Vielleicht haben diese Fragen und Ihre Antworten darauf noch deutlicher werden lassen, was genau Sie eigentlich von Ihrem Leben wollen. Und vielleicht hat diese Klärung zudem bewirkt, dass Sie sich in Ihrem Netz noch sicherer fühlen.

Schauen Sie über Ihr eigenes Netz hinaus. Sie sind immer auch verbunden mit anderen Netzen, so dass sich insgesamt ein ganzes Netzwerk bildet. Erfolg ist ganz sicher unter anderem die Kunst, geeignete Kontakte zu knüpfen, Beziehungen zu anderen Menschen aufzubauen und zu pflegen. Vertrauen Sie Ihrem Netz und Ihrem Netzwerk. Wagen Sie den Sprung ins Netz!

Netzwerken mit Thekla

Wie erreichen Sie Ihre Ziele ohne sich zu verbiegen? Lassen Sie uns «netzwerken»! Schreiben Sie mir Ihre Erfahrungen an:
karriere-weiblich@daufeldt.de

Rückblick auf den dritten Teil

Konnte ich Sie ermuntern, mit dem Mut zur Lücke öfter einmal Ihre Komfortzone zu verlassen? Konnte ich Ihnen etwas von der Angst vor Fehlentscheidungen nehmen? Das Thekla-Prinzip hilft Ihnen, bei wichtigen Entscheidungen die richtige Wahl aus sich selbst heraus zu treffen. Sollte sich eine Entscheidung im Nachhinein dennoch als Fehler herausstellen, dann haben Sie immerhin daraus gelernt und können es künftig besser machen.

Sie haben erfahren, welch großen Einfluss innere Glaubenssätze haben. Konnten Sie bei sich negative Glaubenssätze aufspüren und vielleicht schon durch positive ersetzen? Positive Gedanken unterstützen Sie auf jeden Fall auf Ihrem erfolgreichen Weg. Denn: Der Erfolg entsteht im Kopf.

Ich habe Ihnen die typischen Fallen, in die Frauen in Führungspositionen tappen können, aufgezeigt, damit Sie sie rechtzeitig erkennen und umgehen können. Wenn Sie die männlichen Spielregeln in der Business-Welt kennen, können Sie sich darauf einstellen. Mit einem überzeugenden Kommunikationsstil werden Sie auf weibliche Art Karriere machen. Ich drücke Ihnen die Daumen, dass Sie bekommen, was Sie wollen!

Ausklang: Unverbogen und glücklich

Jede theoretische Erklärung ist eine Reduzierung der Intuition.

Peter Høeg

Wie war das noch: Haben Sie intuitiv nach diesem Buch gegriffen? Haben Sie sich schon vor der Lektüre intensiv mit persönlichen und beruflichen Zielen beschäftigt? Haben Sie nach guten Strategien gesucht, weil Sie vor einem Umbruch stehen?

Wie beschwingt und sicher fühlen Sie sich jetzt, nachdem Sie das Buch gelesen haben? Wie sieht Ihr Orientierungsnetz aus und wie hat es sich angefühlt, es zu analysieren? Welche Denk- und Verhaltensweisen wollen Sie jetzt ändern? Sehen Sie Möglichkeiten, Ihren Weg zu gehen, ohne sich dabei zu verbiegen?

Direkt gefragt: Werden Sie ab heute neugierig und intuitiv auf Ihre Ziele losgehen, sie selbstbewusst und authentisch verfolgen? Und sind Sie zuversichtlich, dass Sie sie auch erreichen werden?

Mein Tipp: Nutzen Sie die Netz-Methode in Verbindung mit den Kriterien nach dem Thekla-Prinzip. In den dargestellten Coachingbeispielen und in vielen anderen Coachings hat sich beides bewährt. Die richtigen Fragen zeigen Ihnen sehr genau, wo Ihre vorrangigen Herausforderungen liegen. Mit Hilfe des Netzes können Sie sich ein Bild machen, Sie veranschaulichen sozusagen Ihre Intuition zu den fünf wesentlichen Bereichen: Körper und Psyche, Familie und Partnerschaft, soziale Beziehungen, Karriere und Beruf, finanzielle Absicherung.

Das Netz wirkt wie ein Kompass, der auf Herausforderungen gepolt ist. So können Sie verdeckte Ziele finden, die sich ganz gern mit der Formel «Das ist normal» tarnen. Denken Sie daran: Diese Floskel wird gern vorgeschoben, wenn der Mut, die Lust oder die Zeit fehlen, um Dinge zu verändern.

An den eigenen Zielen selbstbewusst dranzubleiben – auch langfristig – heißt, immer wieder das Netz neu zu bewerten. Das kann Spaß machen, manchmal aber auch frustrierend sein. Veränderungen und der Wunsch nach Veränderung verbrauchen immer Energie.

Das Thekla-Prinzip motiviert Sie, Ihre Ziele und Wünsche auf weibliche Art zu verfolgen. Die Zielbild-Methode, (genau beschrieben im sechsten Kapitel) unterstützt Sie darin, auf Dauer zielorientiert zu bleiben – ohne Ihre Gelassenheit zu verlieren und ohne dabei das Lachen zu vergessen.

Überhaupt baut das Thekla-Prinzip darauf, dass Sie mit Humor Ihre Ziele ereichen. Weitere Zielkriterien – Treffsicherheit, Emotionalität, Klugheit und Lösungsorientiertheit – versetzen Sie in die Lage, alle wesentlichen Aspekte Ihres Ziels zu formulieren und daraus Motivation zu ziehen.

Um die Energie zu erhalten, empfehle ich die Zielbild-Methode, die sich wunderbar in das Thekla-Prinzip integrieren lässt. Bilder mit einer emotionalen Verbindung zum Ziel sorgen für die nötige Energie, um das Ziel auch sicher zu erreichen.

Warum geht es in diesem Buch eigentlich um «weibliche» Ziele?

Mein Trainings- und Coachingalltag mit Frauen in Führungspositionen hat gezeigt, dass diese sich schnell den Ruf als «Powerfrau» einhandeln. Und gerade deswegen härter agieren als manche männliche Kollegen.

Was Mann von einer «Powerfrau» erwartet, ist kaum in ein Bild zu pressen: knallharte Geschäftsfrau und samtweicher Engel, kommunikationsstark und zurückhaltend, glaubwürdig und trickreich, starke Führerin und gutes Teammitglied, hochkompetent und mütterlich, charmant und liebenswürdig, toughe Gesprächspartnerin und hübsches Beiwerk ... es gibt da viele, viele Zuschreibungen.

Was Frauen aber in einer männlich geprägten Welt des Wettbewerbs wirklich lernen müssen, um die eigene Rolle erfolgreich zu spielen, ist, zu den Facetten der eigenen Persönlichkeit zu stehen. Am besten geht das in gut funktionierenden Frauennetzwerken, die langsam, aber sicher immer weiter gesponnen werden.

An dieser Stelle noch drei Thesen zu weiblichen Zielen:

- Mit Neugier und Mut zur Lücke werden Sie es schaffen, als Frau gut bezahlt zu werden und Karriere zu machen.
- Mit dem Vertrauen auf Ihre Intuition bringen Sie Beruf und Privatleben in Balance.
- Selbstbewusst und authentisch sind Sie, wenn Sie aus Ihren Möglichkeiten das Beste machen.

Dass Sie mit Ihren eigenen Zielen auf Dauer glücklich werden, setzt voraus, dass Sie Ziele wählen, die zu Ihrer Person passen. Bleiben Sie also möglichst authentisch. Der Begriff Authentizität kommt aus dem Griechischen und bedeutet übersetzt «glaubwürdig» beziehungsweise «echt». Sie sind authentisch, wenn Ihre innere Überzeugung und Ihr Handeln übereinstimmen. Mit den «richtigen Fragen» in diesem Buch können Sie Ihr Selbstkonzept in den wichtigen Lebensbereichen immer wieder überprüfen.

Ich empfehle, dieses Überprüfen mindestens einmal im Jahr zu tun. Am besten im Januar, um den Schwung des Jahresanfangs positiv zu nutzen. Wichtig dabei ist, sich eigene Kriterien zu schaffen – ein persönliches Bewertungssystem. Vermeiden Sie es, sich zu sehr an anderen zu messen. Die Skala null bis zehn in Ihrem Netz ermöglicht Ihnen, sich selbst als Maßstab zu nehmen. So wie nur Sie die Antworten auf die Fragen selbst kennen. Sie kennen Ihre eigene Richtung am besten.

Kommen wir noch einmal auf einige der Frauen zurück, die Sie im Laufe des Buches kennengelernt haben. Was ist aus Ihnen und Ihren Vorsätzen geworden?

Tanja Fuchs hat sich mit 42 Jahren als Anwältin für Mietrecht in Hamburg selbstständig gemacht. Sie hat schon die ersten fünf Klienten vertreten. Sie geht zweimal wöchentlich walken und fühlt sich ausgesprochen wohl.

Claudia Schmidt, die PR-Agentin, die sich vorgenommen hatte, nicht mehr zu allem Ja zu sagen, hat sich an ganz wichtiger Stelle im Job abgegrenzt und Nein gesagt.

Simone Bagel-Trah arbeitet daran, in ihrem Konzern mehr Frauen zu verantwortungsvollen Positionen zu verhelfen. Als Schirmherrin im Betriebskindergarten «Kleine Löwen» fordert sie schon die ganz Kleinen zu Neugier auf.

Ein wichtiger Hinweis für Sie zum Schluss: Auch die besten Strategien können keine hundertprozentige Garantie für Erfolg geben. Der Begriff «Erfolg» ist ohnehin nur individuell «messbar». Ein Erfolg ist nur dann ein Erfolg, wenn Sie ihn auch als Erfolg wahrnehmen.

Ich wünsche Ihnen, dass Sie genau die beruflichen Ziele erreichen, die Ihrem Lebensentwurf entsprechen – und sich dabei unverbogen und glücklich fühlen.

«Wireless-LAN» zum Bauch – Übung 12

Welche drei Anregungen nehmen Sie aus diesem Buch für sich mit?

1. ______________________________

2. ______________________________

3. ______________________________

Dank

Mein großer Dank gilt vielen Unterstützern und meiner Familie:

Ich danke meinem Agenten Oliver Gorus und seinem Team von der Agentur Gorus, insbesondere Ulrike Hensel für den hervorragenden textlichen Feinschliff.

Dank an meine Lektorin Anke Hees vom Orell Füssli Verlag für die wertvollen und wichtigen Hinweise.

Dank an Marlies Niedermaier für die wunderbar illustrierte «Thekla» und das «Netz». Dank an Dagmar Landgrebe und Kerstin Walker für kompetente Ergänzungen. Dank an Werner Detering für genau die richtige Buchempfehlung zur rechten Zeit, die mich sehr inspiriert hat. Lieben Dank Ute Zander, durch dein hervorragendes Buch und durch dich bin ich überhaupt auf die Idee gekommen, dieses Buch zu schreiben.

Vor allem Dank an Hella und Norbert für ihre liebevolle Geduld mit mir.

Daniela Daufeldt, im Mai 2010

Literaturverzeichnis

- Aamodt, Sandra/ Wang Samuel: Welcome to your Brain, Verlag C. H. Beck 2008.
- Asgodom, Sabine: Die zwölf Schlüssel zur Gelassenheit, Kösel Verlag 2006.
- Bauer, Joachim: Warum ich fühle, was du fühlst, Heyne Verlag 2006.
- Ben Ze'ev, Aaron: Die Logik der Gefühle, Suhrkamp Verlag 2009.
- Blum, Elisabeth: Ein Haus, ein Aufruhr, Vieweg Verlag 1997.
- Bock, Petra: 100 Fragen Ihr Leben betreffend, Knaur Verlag 2009.
- Damasio, Antonio R.: Ich fühle, also bin ich, List Verlag 2001.
- Defersdorf, Roswitha: In der Sprache liegt die Kraft, Herder Verlag 2009.
- Deckstein, Dagmar: Klasse, Murmann Verlag 2009.
- Dölz, Susanne: Sich durchsetzen, Haufe Verlag 2006.
- Fichtl, Gisela: Zitate für Beruf und Karriere, Haufe Verlag 2002.
- Fischer-Epe, Maren: Coaching, Rowohlt Verlag 2008.
- Frankl, Victor E.: Trotzdem Ja zum Leben sagen, Kösel Verlag 2002.
- Hilger, Susanne: Menschen und Marken – 125 Jahre Henkel, Stürz AG 2001.
- Klein, Stefan: Die Glücksformel, Rowohlt Verlag 2002.
- Krelhaus, Lisa: Wer bin ich, wer will ich sein? mvg Verlag 2009.
- Krogerus, Mikael/Tschäppeler, Roman: Fragebuch, Kein & Aber Verlag 2009.
- Löw, Martina: Schlüsselwerke der Geschlechterforschung, VS Verlag 2005.
- Otten, Dieter: MännerVersagen, Lübbe Verlag 2000.
- Pinker, Susan: Das Geschlechterparadox, DVA 2008.
- Seligman, Martin E.P.: Der Glücks-Faktor, Lübbe Verlag 2005.
- Säger, Dagmar: Bezahlt um zu entscheiden, Redline Wirtschaft 2005.
- Sator, Günther: Business Energy, Orell Füssli Verlag 2006.
- Schmid, Bernd u. Gérard, Christiane: Intuition und Professionalität, Carl-Auer Verlag 2008.

- Stöcker, Mirja: Das F – Wort. Feminismus ist sexy, Ulrike Helmer Verlag 2007.
- Schulz, Mona-Lisa: Intuition, Goldmann Verlag 2000.
- Schulz von Thun, Friedemann: Miteinander reden, 2 Bde., Rowohlt Verlag 2000.
- Wiseman, Richard: Quirkologie, Fischer Verlag 2008.
- Zaha Hadid: Zaha Hadid. Gesamtwerk 1978–2008, DVA 2009.
- Zander, Ute: Selbstbewusst auf Augenhöhe, mvg Verlag 2007.

Artikel

- Weber, Bernd: Connectivity-based segregation of the human striatum predicts personality characteristics (in: Nature Neuroscience) 2008.
- Koch, Iring: Hin und Her: Multitasking – eine Herausforderung für die Arbeitswelt der Zukunft? Wissensmanagement Online 2008.
- Karcher, Eva: Architektin Zaha Hadid über Ecken, Sueddeutsche.de 14.11.2009.
- Seidel, Hagen von: Bei Henkel hat eine Frau ohne Quote das Sagen, Welt Online 17.11.2009.
- Grosse, Angela: Schöne Bilder lindern die Atemnot, Hamburger Abendblatt Online 28.02.2008.

Studien/Umfragen

- www.brigitte.de/frauen-auf-dem-sprung-studie-2009.
- www.lohnspiegel.de 2009.
- www.bertelsmann-stiftung.de/Beamte sind die glücklichsten Deutschen 2009.